AF502462

MÉMOIRES

SUR L'ÉTAT ET L'ORGANISATION

DE

L'INSTRUCTION PUBLIQUE

DANS LA 27.ᵉ DIVISION MILITAIRE,

SUIVIS DE L'EXTRAIT D'UN RAPPORT

PRÉSENTÉ A L'ADMINISTRATEUR GÉNÉRAL

PAR LE CONSEIL DE L'INSTRUCTION PUBLIQUE,

EN THERMIDOR AN X,

PAR LE CIT.ᴺ GIRAUD,

DIRECTEUR DU COLLÉGE NATIONAL, MEMBRE DU JURY D'INSTRUCTION PUBLIQUE.

TURIN, AN XI.

DE L'IMPRIMERIE NATIONALE.

PREMIER MÉMOIRE

SUR L'ÉTAT ET L'ORGANISATION

DE L'ENSEIGNEMENT GÉNÉRAL

EN PIÉMONT

ET PARTICULIER EN L'UNIVERSITÉ DES ÉTUDES DE TURIN,

DIVISÉ EN DEUX PARTIES,

LA PREMIÈRE, SUR L'ORGANISATION DE L'ENSEIGNEMENT GÉNÉRAL
EN PIÉMONT ET PARTICULIER DANS LES ÉCOLES DE L'UNIVERSITÉ,
DEPUIS SON RÉTABLISSEMENT EN 1720, JUSQU'EN L'AN 7.

LA SECONDE, DEPUIS L'AN 7 JUSQU'EN L'AN 10.

PREMIER MÉMOIRE.

PREMIÈRE PARTIE.

Eɴ 1713 Victor Amédée II., après son avénement au trône de Sicile d'où il avait été attiré à Turin plusieurs Savans et Gens de lettres, chargea le chevalier d'Aguirre de lui présenter un plan pour la réorganisation de l'instruction générale dans ses états et le rétablissement, sur un pied propre à remplir le but de son institution, de l'Université des études de Turin , qui, fondée dès l'an 1400, y avait souffert des variations, et des altérations considérables par les vicissitudes des tems.

Ce savant, dans le plan qu'il présenta, et qui existe en manuscrit dans la bibliothéque de l'Université, proposa, parmi les moyens de rendre l'Université des études illustre et vraiment utile , celui non seulement de la doter abondamment en biens-fonds, non sujets à être diminués ou réunis, pour pouvoir fixer, en faveur des professeurs et employés de l'Université , des traitemens suffisans à leur procurer une vie aisée, à l'abri des soucis qui pourraient les distraire de leurs études , et les empêcher de consacrer tous leurs soins à l'intéressant objet de l'enseignement public : mais que ces fonds fussent assurés à l'Université en pleine propriété, et privilégiés d'une manière plus ample encore que les biens de l'église l'étaient alors ; tout en faisant contribuer ceux-ci avec les peuples à la fondation d'un établissement aussi utile qu'indispensable. Un autre moyen que le chevalier d'Aguirre proposa, fut l'établissement d'un collége pour l'entretien de jeunes étudians de chaque province, qui n'auraient pas les moyens de supporter les frais de leur entretien pour le cours des études en l'Université, en faisant contribuer chaque province à la formation des fonds nécessaires pour cet établissement, et fixant les choix des candidats, pour jouir des places gratuites, d'après des examens de concours. Les circonstances cependant ne permirent qu'en 1720 à Victor Amédée devenu roi de Sardaigne, et après avoir ôté des mains des Jésuites l'instruction publique, de rétablir l'Université de Turin, pour laquelle émanèrent les constitutions publiées en la même année.

Mais l'expérience lui ayant fait connaître l'insuffisance de ces premières loix et règlemens, il en réforma le plan par les constitutions de l'an 1729, qui furent observées jusqu'à ce qu'émanèrent celles de Charles Emmanuel III. en 1771.

Ces constitutions embrassent toutes les parties de l'enseignement, à commencer des plus basses écoles des communes, jusques et compris celles dont l'enseignement était réuni à l'Université de Turin pour la théologie, le droit, la médecine, la chirurgie, les mathématiques, et les beaux arts.

(5)

Le gouvernement de l'Université et la surveillance générale pour l'exacte observance des susdites constitutions,
étaient confiés à un magistrat dit de la *Réforme des
études*, qui avait l'autorité de former tous les règlemens
qu'il croirait nécessaires pour faciliter l'observance des
constitutions, en les soumettant cependant préalablement à l'approbation du roi, auquel il devait présenter
régulièrement par écrit, chaque trois ans, un rapport
sur l'état de l'instruction et des études, et de suggérer,
lorsqu'il le croirait convenable, les moyens de réforme
des abus, ainsi que les moyens d'augmenter les progrés
des sciences; de former chaque année le bilan des revenus de l'Université et des dépenses à sa charge, pour
être présenté à l'approbation du roi.   -

Ce magistrat avait le droit de nommer les professeurs,
les maîtres, les préfets des écoles et des colléges inférieurs, et tous les employés desdites écoles et colléges,
tant dans la ville de Turin, que dans les provinces. Il
était chargé de leur délivrer les patentes, de les congé-
dier, lorsqu'il croyait convenable pour quelque cause
légitime, et de présenter, de tems à autre, au roi, la
note de ceux qui par leurs longs et zélés services, méri-
taient un accommodement, ou autre récompense; le tout
par le canal du bureau des affaires internes. Il avait
aussi une inspection spéciale sur le collége dit *des Provinces*, établi à Turin; et le gouverneur de cet
établissement qui avait droit de séance aux assemblées
dudit magistrat, dont il était presque toujours mem-

bre ordinaire, était par les constitutions de l'Université chargé d'en conserver les droits et privilèges.

Ce magistrat était composé d'un chef, qui était le grand - chancelier de la couronne, de quatre réformateurs qui avaient aussi le titre de conseillers du roi, et d'un censeur; les quatre réformateurs étaient nommés par le roi, et *choisis parmi les personnes qui réunissaient à des connaissances acquises par quelque cours d'études, la sagesse, la probité et la prudence nécessaires pour le bien de l'Université, des écoles et des collèges :* il en était de même du censeur qui devait être homme de lois, parce qu'il faisait auprès du Magistrat de la réforme, les fonctions d'avocat du roi, et partie publique sans voix délibérative.

Il y avait quatre classes de professeurs dans l'Université, une de théologie, l'autre de légistes, la troisième de médecins, et chirurgiens, la quatrième de philosophes, mathématiciens, et maîtres des arts; desquels, en cas d'empêchement, pour cause de maladie, ou de service public, étaient suppléans-nés, les préfets des mêmes facultés dans le collège des provinces, qui étaient professeurs substituts-nés.

Les professeurs de l'Université étaient nommés par le roi sur la proposition du Magistrat de la réforme; *leurs places étaient à vie, à moins qu'ils ne s'en rendissent indignes par quelque manquement notable,* et si : après 14 ans de service, ils venaient à contracter quelques indispositions, ou que leur âge avancé ne leur permît plus les fatigues de la chaire, la retraite leur était accordée : la moitié de leurs appointemens, avec le titre de *professeurs vétérans*, et l'entière distribution comme docteurs du collège de leurs facultés respectives, leur étaient conservées.

Il y avait quatre professeurs de théologie, un pour l'écriture sainte et les langues orientales, deux pour la théologie scolastico-dogmatique, un autre pour la théologie morale; les trois premiers achevaient leurs cours dans l'espace de cinq ans, le 4.ᵉ en trois. Les chaires de droit civil et canon étaient au nombre de cinq; une pour le droit canon, deux pour le droit civil, une pour les instituts civils, et une autre pour les instituts canoniques. Le cours de ces deux derniers était d'une année; des trois autres, de quatre : leur enseignement était fondé sur les constitutions générales du pays, sur les décisions des magistrats suprêmes, et sur le texte du droit commun.

Il y avait cinq professeurs de médecine; le premier pour la pratique, le second pour la théorie, le troisième pour l'anatomie, le quatrième pour la botanique, le cinquième pour les instituts. Les cours des professeurs de pratique et botanique étaient de trois ans; de théorie de deux; d'anatomie et d'instituts d'une année : les instituts comprenaient la physiologie, l'hygiène, et les élémens de pathologie. Au professeur de botanique était attaché un herboriste, et à celui d'anatomie un dissecteur nommé par le Magistrat de la réforme.

Pour la chirurgie il y avait deux professeurs : un pour la pratique, dont le cours était de trois ans, l'autre pour l'anatomie, dont le cours était de deux, et un professeur extraordinaire en qualité de suppléant, chargé d'exercer les étudians dans les opérations, à l'hôpital de s. Jean.

Les professeurs de médecine et chirurgie étaient chargés du soin des malades du susdit hôpital-majeur de s. Jean, où les étudians étaient obligés de suivre la pratique.

Il y avait trois professeurs de philosophie, l'un de logique et de métaphysique, qui était obligé de ne s'écarter jamais, dans l'enseignement de cette dernière, des principes de l'école de s. Thomas, y joignant les opinions des philosophes modernes, non contraires à la doctrine dudit saint, et à celle de l'église; le second de physique expérimentale chargé de l'enseigner selon les dernières découvertes, et de faire les expériences nécessaires à l'instruction des écoliers, ayant pour cet objet un machiniste à ses ordres, nommé par le Magistrat de la réforme; le troisième de philosophie morale.

Le cours de ces trois écoles était d'une année.

Deux professeurs des mathématiques, l'un desquels enseignait, dans l'année, les élémens d'arithmétique universelle, de géométrie plane et solide, et l'autre le cours entier des mathématiques dans l'espace de cinq ans.

Deux Professeurs d'éloquence, un en langue latine, l'autre en langue italienne, qui était aussi chargé de l'enseignement de la langue grecque.

Le professeur d'éloquence latine devait donner dans trois ans l'art de la rhétorique d'après Aristote, Ciceron,

Quintilien; interprétant les orateurs, historiens et poëtes latins, avec les observations critiques, philologiques, et soignant les beautés du style; celui d'éloquence italienne donnait, dans trois ans, l'art poëtique, et traitait de l'imitation des meilleurs écrivains, exerçant les élèves par la composition, leurs proposant des thèmes en prose, et en poësie; expliquant deux fois par semaine les meilleurs auteurs grecs, et faisant connaître aux étudians les principes de cette langue, les racines, et la signification originale des mots.

Les professeurs, indépendamment de leurs appointemens jouissaient d'une rétribution appellée *propine*, fixée par le tarif, à l'occasion des examens tant privés, que publics, pour la collation des grades.

Outre ces professeurs, était attaché à chaque faculté, un collége composé de trente gradués, qui y étaient agrégés à mesure de la vacance des places, à la suite d'un examen public.

Les membres de ces colléges assistaient, et donnaient leurs suffrages pour la collation des grades, aux examens publics de chaque faculté, et jouissaient aussi d'une rétribution fixée par le tarif, à l'occasion de ces examens.

Chaque collége avait un prieur régent qui présidait à tous les examens, tant privés que publics, et c'est à lui que devaient s'adresser les aspirans pour l'admission aux susdits examens.

Les grades académiques étaient fixés à quatre, savoir:

Celui de la maîtrise ès arts , au commencement du cours de chaque faculté, par un examen privé d'une heure.

Le baccalauréat, à la fin de la seconde année , par un examen privé, aussi d'une heure.

La licence , à la fin de la quatrième année du cours, par un examen privé de deux heures, et un examen public.

Celui du doctorat à la fin de la dernière année, par un examen privé de deux heures, et un examen public.

Sous la dépendance du Magistrat suprême de la réforme était un magistrat appellé du *Protomédicat*, composé d'un chef et de deux conseillers choisis parmi les professeurs, ou docteurs du collége de médecine, et patentés par le roi.

Ce Magistrat avait l'inspection sur ceux qui exerçaient la médecine , la chirurgie , ou partie de ces dernières ; et en cas d'abus, était chargé d'en informer le magistrat de la réforme.

Il avait une surveillance particulière sur les apothicaires, droguistes, chimistes, marchands d'épicerie, confituriers, vendeurs d'eau-de-vie et liqueurs , distillateurs et empiriques.

Il était chargé de faire observer la farmacopée et la taxe des médicamens ; de proposer les changemens qu'il jugeait convenables, au Magistrat de la réforme ; de la visite des boutiques des apothicaires deux fois l'année ; de délivrer les patentes aux apothicaires , droguistes , d'après les examens en la forme prescrite, sous le scel et le visa du chef du Magistrat de la réforme.

Outre les professeurs , il y avait un bibliothécaire chef qui présidait à la bibliothéque , aidé par deux assistans nommés et patentés par le roi, sur la proposition du Magistrat de la réforme ; un directeur du musée d'antiquités, avec un adjoint ; un trésorier chargé de la caisse de l'Université et du collége des Provinces , sous les mêmes obligations que les trésoriers des finances royales.

La direction du musée d'histoire naturelle était confiée aux professeurs de botanique , ainsi que celle du jardin de botanique.

Au Magistrat de la réforme était attaché un secrétaire en chef qui l'était aussi de l'Université, avec trois adjoints et un écrivain.

Un bedeau-majeur; sept bedeaux, un pour chaque faculté, un pour la bibliothéque , étaient à la nomination du Magistrat de la réforme, ainsi que tous les autres employés subalternes.

Un tarif était fixé pour les rétributions à payer pour tous les grades privés et publics au Magistrat de la réforme, aux professeurs , membres des colléges , et autres employés des facultés respectives, outre une somme à la caisse de l'Université de 6 à 10 fr. pour les différens examens privés, et de 15 à 20 fr. pour les publics dés candidats qui avaient fait leurs cours en l'Université, et de 30 à 45 fr. pour ceux qui avaient étudié en pays étrangers.

DES ÉCOLES HORS DE L'UNIVERSITÉ ET DANS LES PROVINCES.

Dans chaque chef-lieu d'une province, et même dans quatre à cinq autres villes considérables, quoique non chefs - lieux, étaient établies sous le nom de colléges royaux les écoles suivantes :

De Grammaire dite *troisième*.
Des Humanités
De Rhétorique

Dont le cours était d'un an.

De philosophie, dont les professeurs enseignaient la première année du cours, la logique et la méthaphysique, et dans la seconde, la physique expérimentale, et la philosophie morale.

De théologie dont le cours était de 4 ans ; ils étaient tous obligés de se conformer, dans l'enseignement, aux règlemens et instructions du Magistrat de la réforme.

Outre les écoles susdites des colléges, il y avait aussi dans les communes un peu considérables des maîtres qui, outre la lecture et l'écriture, enseignaient les rudimens de la grammaire, destinés à acheminer les jeunes gens à l'étude de la langue latine par trois classes, savoir :

La sixième, la cinquième et la quatrième.

Les enfans étaient admis à la sixième, après avoir appris à lire et écrire correctement, et les premiers élémens de la langue vulgaire, ou italienne, dans une classe appellée de septième. C'est dans la sixième que

(13)

commençaient les élémens de la langue latine dont l'én-
seignement se continuait ainsi graduellement jusques et
compris la rhétorique.

Généralement, dans les petites communes, un maître
était payé par la commune pour enseigner la lecture et
l'écriture.

Les professeurs des colléges dits *royaux*, dans les chefs-
lieux des provinces, étaient payés par les finances
royales ; les professeurs et maîtres des autres communes,
étaient aux frais des communes mêmes qui faisaient contribuer les étudians par une rétribution mensuelle proportionnée aux différentes classes.

Dans la ville de Turin il y avait six colléges inférieurs
pour l'enseignement des classes inférieures jusques et compris la grammaire ou troisième. Deux chaires d'humanité
et deux de rhétorique à la charge de la municipalité.

Ces dernières écoles étaient sous l'inspection spéciale
du prieur du collége des belles lettres en l'Université ,
qui en référait au Magistrat de la réforme.

SECONDE PARTIE.

A la première apparition de l'aurore de la liberté en Piémont, le Gouvernement Provisoire considérant que les sciences et les arts ávaient reconduit les hommes aux principes de liberté, de vertu et d'égalité, et que l'Université nationale de Turin, ainsi que le collége des provinces, fermés depuis plusieurs années par le despotisme, avaient infiniment contribué à exciter le merveilleux élan de la Nation Piémontaise vers la liberté, décréta, le 25 frimaire an 7, que *l'Université des études de Turin, et le Collége national des provinces*, seraient de nouveau ouverts, et chargea le Comité d'instruction publique des dispositions nécessaires, et de notifier le jour qui serait fixé pour l'ouverture effective.

Et sur le rapport du Comité d'instruction publique, le Gouvernement Provisoire par son décret du 3 pluviôse établit les bases d'après lesquelles serait commencée la réforme du plan, et de l'organisation de l'instruction publique dans l'Université nationale, en attendant qu'on put préparer celui de la réorganisation générale d'instruction publique.

Ce décret portait,

1.º La suppression de l'autorité de la chancelerie ecclésiastique dans l'Université nationale.

La suppression du Magistrat de la réforme des études, dont les fonctions seraient exercées provisoirement par le comité des affaires internes.

2.° L'abolition de la formule du serment d'usage sous le despotisme, à l'occasion de la collation des grades, et qu'elle serait remplacée par celui de fidélité au Gouvernement Républicain.

3.° L'abolition des chaires de théologie, de droit canon, des conférences de théologie morale et la chapelle de l'Université.

4.° Que la chaire du Professeur de langues orientales serait conservée et que le Professeur ajouterait un traité élémentaire sur la liberté des cultes.

5.° La suppression de la chaire d'anatomie chirurgicale, et que les étudians en chirurgie suivraient les leçons du professeur d'anatomie de la faculté de médecine qui, en conséquence, assisterait aux examens desdits étudians.

6.° Le professeur de philosophie morale en l'Université nationale, ainsi que tous les professeurs de philosophie dans les provinces feraient précéder les leçons ordinaires de philosophie morale, par l'explication en langue italienne de la déclaration des droits et devoirs de l'homme et du citoyen, adoptés par la Nation Française dans la constitution de l'an 3.

7.° L'établissement d'une chaire de l'art des accouchemens, chargeant la municipalité de Turin de mettre à la disposition du professeur, l'infirmerie des femmes en couche dans l'hôpital-majeur de s. Jean, pour l'instruction des étudians.

8.° L'établissement d'une chaire de chimie.

9.º La nomination d'un préfet de chirurgie pour la direction de cette classe dans le collége national des provinces, en remplacement de celui de théologie dont la faculté était supprimée.

10. Que les professeurs pourraient enseigner en langue latine ou italienne, mais que celui d'anatomie devrait se servir de cette dernière.

11.º Que le comité des affaires internes transmettrait au secrétariat de l'Université la note contenant les noms des professeurs et autres employés congédiés ou jubilés, ou nouvellement élus ou conservés avec la fixation de leurs appointemens respectifs.

Mais à peine cette nouvelle organisation avait elle été mise en exécution, que les revers qui causèrent la réoccupation du malheureux Piémont par les armées Austro-Russes, et le rétablissement du Gouvernement Sarde, la détruisirent entièrement et livrèrent la Nation Piémontaise aux malheurs de l'ignorance.

Heureusement un si grand malheur pour cet infortuné pays, ne fut pas de longue durée, puisque dès les premiers momens que les surprennantes et immortelles victoires des armées Françaises, sous la conduite du héros du siècle, le premier Consul Bonaparte, rétablirent le règne de la liberté dans ces contrées, l'un des premiers soins de la Commission de Gouvernement établie par le premier Consul, fut de s'occuper du rétablissement de l'instruction publique, et arrêta par ses décrets du

et 26 messidor que l'Université Nationale, ainsi

que le collége national seraient de nouveau ouverts, ce
qui n'a cependant été effectué que par le zèle et les sages mesures de la Commission exécutive, qui nomma, par
son décret du 19 vendémiaire an 9, une commission de
20 membres chargés de présenter un état des professeurs
pour les écoles provinciales, de donner leur avis sur les
professeurs à nommer pour les chaires vacantes, ou pour
celles qui seraient de nouveau établies en l'Université nationale, et de présenter un plan ou instruction pour l'enseignement dans les écoles de l'Université nationale, ainsi
que pour l'enseignement dans les écoles des communes
et chefs-lieux des provinces, ou arrondissement du Piémont, en prenant pour base, pour ces derniers, la loi
du 28 fructidor an 8, et pour l'enseignement des écoles
de l'Université, l'instruction particulière de la Commission exécutive adressée à la même commission d'instruction publique, d'après les bases du décret du Gouvernement provisoire du 3 pluviôse de l'an 7.

La commission d'instruction publique empressée de
satisfaire aux vues de la Commission exécutive, lui présenta son avis sur les susdits professeurs, tant pour les
chaires de l'Université, que pour les écoles provinciales,
à la suite duquel la Commission exécutive décreta, le 26
vendémiaire an 9, *la pianta* ou l'état des professeurs,
et employés de l'Université nationale, et le 9 brumaire,
la pianta ou état des écoles provinciales, ou des arrondissemens ; furent ensuite présentées les instructions pour
l'enseignement dans les susdites écoles provinciales, et

dans celles de l'Université nationale, savoir ; celles pour les écoles provinciales, le 11 brumaire, qui furent approuvées par la Commission exécutive le 13 du même mois, et celle des écoles de l'Université, le 10 nivôse , et approuvées provisoirement le 11 pluviôse suivant.

Pour assurer l'exacte observance des susdites instructions et de toutes les loix, et décrets relatifs à l'instruction publique , la Commission exécutive décréta en même tems, et nomma un jury, ou conseil d'instruction publique , chargé des mêmes fonctions que l'ancien magistrat, dit de la *réforme des études*, et de faire aussi observer entièrement les constitutions de l'Université de 1771, en tout ce qui n'y avait point été, ou n'y serait point dérogé à l'avenir par le Gouvernement.

Ensuite de ces dispositions, la Commission exécutive décreta le 4 germinal, l'état des traitemens de tous les professeurs, employés, et officiers de l'Athénée national , fixant l'appointement de 2400 francs par an aux professeurs dont le cours était d'une année , et 3m. francs pour ceux dont le cours était de plusieurs années, et elle approuva aussi provisoirement, le 26 du même mois le supplément sous le titre de *règlement pour les examens publics*, qui lui avait été présenté , ainsi que ce nouveau tarif des rétributions à payer par les étudians pour les examens privés, et publics en l'Université nationale; et comme l'heureux changement des circonstances sur le sort futur du Piémont avait mis la Commission exécutive dans le cas de décréter l'établissement d'une chaire de littérature française, avec l'appointement fixé dans l'état du 4 germinal à la somme de 3m. francs, avec invitation à l'institut national de France de vouloir se charger du choix du professeur; le Conseil d'instruction publique proposa l'établissement des maîtres, et instituteurs de langue française, dans les écoles premières et secondes, afin de procurer par-là aux étudians les avantages, de posséder la langue française et de profiter des cours de littérature française en l'Athénée national.

C'est d'après les susdites instructions dont on joint ici copie qu'a été réorganisé l'instruction publique générale dans tout le Piémont, et spéciale en cet Athénée national de Turin en l'an 9, et qui a été observée, et est en pleine activité depuis lors.

Mais la Commission exécutive voulant assurer sur des bases fixes et durables tous les établissemens d'instruction publique, après avoir décrété celui d'une école vétérinaire dans le local dit du *Valentin*, réorganisé l'Académie des sciences anciennement établie, en en formant deux classes, l'une pour les sciences exactes, l'autre pour les sciences morales, économiques et politiques, littérature, antiquité et beaux arts, et l'Académie d'agriculture, et avoir décrété aussi la conservation de l'ancienne école de dessin du nud, de peinture et sculpture, et l'érection d'une école d'architecture, l'une et l'autre réunies dans le palais de l'Académie des sciences, et sous son inspection, ainsi que l'établissement de plusieurs bibliothéques publiques en cette commune de

Turin, voulant, dis-je, assurer sur des bases fixes tous les susdits établissemens, la Commission exécutive prit la détermination de former une dot en pleine propriété à l'Université nationale en biens-fonds, et propriétés foncières, suffisantes pour l'entretien de tous les susdits établissemens d'instruction publique, littérature et arts, en déchargeant le trésor national du versement des fonds, assignations annuelles dont il était chargé déjà sous l'ancien régime, tant pour l'entretien de l'Université, que du Collége national, Académie, et autres établissemens de peinture et sculpture : ce qu'elle exécuta par plusieurs de ses décrets et particulièrement par ceux du 1.er frimaire, 27 nivôse, 9 et 26 pluviôse, 3 et 15 germinal an 9.

Et pour assurer la conservation de la dot ainsi formée, et la bonne administration des biens, et emploi des revenus, la Commission exécutive établit, par son décret du 10 frimaire, une administration économique composée de trois Membres administrateurs, avec les employés nécessaires, chargés de l'administration générale de tous les biens formant la dot, et patrimoine de l'Athénée national, à la charge des payemens à faire par la caisse de ladite administration économique des appointemens à tous les professeurs, et employés de l'Université, ainsi qu'aux dépenses portées par les bilans annuels pour les différentes chaires, bibliothèques, musée d'histoire naturelle, antiquité, secrétariat etc. ; 5om. livres au collége national dont les biens avaient été réunis sous

la même administration par le décret du 26 pluviôse;
36m. livres à l'Académie des sciences et arts ; à
l'école vétérinaire 6m. livres; à l'Académie d'agriculture
4m. livres; à celle des Unanimes 400 ; et 7m. ll. pour les
écoles de peinture, sculpture et architecture, et tous lesdits
payemens à faire annuellement par trimestres sur les mandats
respectifs des présidens et directeurs des établissemens qui
étaient parties prenantes.

Cette administration économique était chargée de rendre compte annuellement de sa gestion, recette et sortie
des fonds à la chambre nationale des comptes; mais
comme cette chambre était sur le point d'être supprimée,
et que d'ailleurs il était dans les règles d'une bonne administration que les parties prenantes exerçassent une surveillance sur l'administration des biens, dont les revenus
leur étaient respectivement assignés, émana l'arrêté du
Général JOURDAN, Administrateur général du Piémont, du
14 messidor dernier, portant la création d'un conseil supérieur de surveillance sur l'administration économique
de l'athénée national, composé des présidens, et directeurs des établissemens ci-dessus mentionnés.

C'est à ce conseil que l'administration économique doit
rendre le compte annuel de son administration, et c'est par
ce conseil que doit être formé, dans le dernier mois de chaque année, le bilan des dépenses, et sorties pour l'année suivante, qui doit être soumis à l'approbation du Gouvernement.

C'est pourquoi ce conseil, outre les assemblées fixées
par trimestres pour se faire rendre compte de l'état des

affaires, et situation de la caisse par l'Administration
économique, et suggérer les changemens dans le mode
de gestion qu'il croirait plus utile, doit, à la forme dudit
arrêté, se réunir immancablement en assemblée générale
dans le mois de thermidor de chaque année pour l'examen, et arrêté du compte.

Turin, le 10 vendémiaire an 10 Républicain.

RÈGLEMENT OU INSTRUCTION

POUR LES ÉCOLES DE L'UNIVERSITÉ NATIONALE.

ÉCOLES DE LÉGISLATION.

1. Six chaires sont établies pour l'enseignement de la
science de législation, c'est-à-dire
    De droit naturel, et des gens.
    D'institutions civiles.
    D'institutions sociales, tant de droit politique, que
d'économie politique.
    De droit civil.
    De droit public.
    D'histoire ecclésiastique raisonnée.

(23)

2. Le professeur de droit naturel, et des gens traitera, dans le cours d'une année,

1.º De l'homme considéré dans le simple état de nature, c'est-à-dire des droits de l'homme dans ledit état, et de ses devoirs envers soi-même, envers ses semblables, et envers l'être suprême.

2.º De l'homme dans l'état de société domestique, savoir : du caractère de cette société, et des droits, et devoirs des individus qui la composent.

3.º De l'homme dans l'état de société civile, et des droits et devoirs du citoyen.

4.º Des sociétés civiles considérées dans leurs rapports réciproques, c'est-à-dire des droits, et devoirs des nations.

3. Le professeur d'institutions civiles commencera par une histoire abrégée de la jurisprudence civile, il expliquera ensuite dans le cours d'une année les élémens de Justinien, et il ne sera plus obligé de suivre l'ordre du compilateur desdits élémens.

4. Le professeur d'institutions sociales en donnera deux ans le cours.

Dans la première année il exposera les principes généraux du droit politique, ensuite il traitera de l'économie politique, par rapport à la population, a l'agriculture et au commerce. Dans la deuxième année il répétera les mêmes principes de droit politique à l'avantage de ceux qui commencent ; il passera ensuite à exposer l'économie politique des finances.

5. Le professeur de droit civil dictera son cours en quatre années. Dans la première il traitera des loix, et des jugemens ; dans la seconde, de l'état des personnes, de la Division des biens, et des manières de les acquérir ; dans la troisième, des actes entre vivans, et dans la quatrième des testamens, et des successions *ab intestat.*

6. Le cours de droit public sera de trois années. Dans la première le professeur traitera de l'établissement, et de l'état intérieur des sociétés politiques ; dans la seconde, de l'état extérieur, et des rapports réciproques desdites sociétés ; dans la troisième des délits, et des peines.

7. Le cours du professeur d'histoire ecclésiastique raisonnée sera de quatre années. Dans la première il traitera de l'origine de l'église, de son pouvoir, et de ses rapports avec le gouvernement civil. Dans la seconde il commencera l'histoire ecclésiastique raisonnée depuis le premier siècle jusqu'au sixième inclusivement. Dans la troisième il commencera au septième siècle, et finira avec le douxième. Dans la quatrième année il commencera au treizième siècle, et finira avec le dix-huitième.

DES ÉTUDIANS EN DROIT.

1. Les étudians de la faculté légale fréquenteront les écoles établies pour l'enseignement de la législation pendant le cours de cinq ans.

2. Dans la première année ils fréquenteront les classes,

(25)

1.º De droit naturel, et des gens ;

2.º D'institutions civiles ;

3.º D'institutions sociales, soit de droit politique, soit d'économie politique.

Dans la seconde, celles

D'institutions sociales ;

De droit civil ;

D'histoire ecclésiastique raisonnée.

Dans les trois dernières années ils fréquenteront les classes

De droit public ;

De droit civil ;

D'histoire ecclésiastique raisonnée.

Des examens dans la faculté légale.

1.º Les étudians de législation subiront, chaque année, un examen privé sur les traités de l'année, et à la fin de la cinquième, outre l'examen privé, un public.

Ecoles de Médecine, et Medico-chirurgicales.

Les écoles de médecine sont au nombre de six; chacun achevera le cours de ses traités en deux années, excépté celle de physiologie et premières notions de pathologie, dont le cours ne sera que d'une année.

Anatomie historique et démonstrative.

Le professeur d'anatomie, dictera dans la première année, les prolégomènes de cette science, l'ostéologie et la splanchnologie.

Dans la seconde année il répétera les prolégomènes et l'ostéologie, et donnera les autres parties du corps humain. Pendant le cours de l'année il fera les démonstrations nécessaires sur les cadavres.

Physiologie et premières notions de pathologie.

Le professeur de cette classe donnera l'histoire entière et la théorie des fonctions du corps humain, en se prévalant des découvertes les plus récentes de physiologie des chimistes et des physiciens.

Il donnera aussi les premiers élémens de la pathologie.

Chimie Medico-pharmaceutique

Et matière médicale des minéraux.

Ce professeur enseignera, dans la première année, les élémens généraux de la chimie, et passera ensuite à exposer la chimie du règne minéral, en y joignant la matière médicale et les principales préparations des remèdes qu'on en tire.

Dans la seconde année il répétera les élémens de chimie et il exposera ensuite les règnes végétal et animal, en examinant leurs produits, enseignant leur pré-

(27)

parations et laissant au professeur de botanique le soin
d'en exposer la matière médicale, et les vertus. Toutes
les leçons seront étayées par des expériences et des démonstrations.

Botanique et matière médicale du règne végétal.

Le professeur de cette classe enseignera, dans la première année, les élémens de la physiologie végétale et
ceux de la botanique, et la matière médicale du règne
animal.

Dans la seconde année il répétera les élémens de
physiologie végétale, et enseignera la matière médicale
tirée du règne végétal.

Pour les démonstrations des différentes parties des
plantes nécessaires pour la physiologie végétale, il se
servira provisoirement des figures qui se trouvent dessi-
nées dans les auteurs.

Au commencement du mois de floréal il fera dans
le jardin botanique les démonstrations nécessaires pour
l'intelligence des élémens de botanique, et des caractères
génériques des plantes qui sont d'un plus grand usage dans
la médecine, et il fera de tems en tems dans les environs de cette commune, des petites courses botaniques.

A l'occasion des explications des drogues médici-
nales, il tachera d'en avoir un échantillon pour les bien
faire connaître aux étudians.

Les deux professeurs de matière médicale donneront

l'histoire des poisons appartenans au règne dont ils trai-
tent, ainsi que de leurs effets pernicieux dans le corps
humain, et la méthode de les guérir.

Pathologie médicale.

Il y aura deux professeurs de pathologie médicale,
l'un d'eux traitera dans la première année, des maladies
les plus simples, et de la médecine légale ; dans la seconde année, il traitera des fièvres en général, des fièvres
essentielles, continues et des fièvres intermittentes.

L'autre professeur de pathologie médicale enseignera
dans la première année les phlegmaties, les exanthèmes
fiévreux essentiels, les élémens de la science des accouchemens, le régime, et les maladies des femmes en-
ceintes et en couche.

Dans la seconde année il donnera un traité des maladies particulières, choisissant parmi celles-ci les plus
fréquentes, et les plus considérables, par exemple l'ap-
poplexie, l'épilepsie, l'hystérisme, la goutte, le rhuma-
tisme, la vérole, les différentes espèces d'hydropisie, la
dyssenterie et telles autres qu'il jugera à propos.

Les deux professeurs de pathologie médicale uniront
à l'histoire des maladies, leur traitement, et y répandront
des lumières suffisantes d'une théorie judicieuse.

Ils exerceront de même les étudians dans la pratique à l'Hôpital de s. Jean Baptiste.

Tous les Professeurs de médecine en expliquant les

causes des maladies, et l'action des remèdes et généralement dans toutes les matières physiologiques, auront
pour base la doctrine des forces vitales.

DÉS ÉTUDIANS EN MÉDECINE.

Le cours des études pour la faculté de médecine sera
de quatre ans.

Ils fréquenteront,

Dans la première année, les écoles d'anatomie, de
physiologie et chimie;

Dans la seconde l'anatomie, chimie, botanique ;

Dans la troisième deux écoles de pathologie et botanique ;

Dans la quatrième les deux écoles da pathologie.

Des examens de médecine.

Les étudians subiront chaque année un examen privé,
et à la quatrième outre le privé, un public.

Écoles de chirurgie.

Le professeur de la première classe de pathologie chirurgicale donnera la première année les prolégomènes
des maladies produites par l'irritation et les solutions
de continuité, par des causes internes, dans l'ordre suivant:

1.º Prolégomènes;

(3o)

2.º Douleurs, spasmes, inflammations, tumeurs chau-
des , abées;

3.º Ulcères en général,

Simples,

Compliquées.

Dans la seconde année il parlera des maladies qui pro-
viennent de la circulation embarassée ou supprimée, et
des maladies causées par un changement de situation des
parties molles dans l'ordre suivant :

1.º Tumeurs froides, émaciations, retentions, résolutions ;

2.º Hernies, descentes , déviations.

Le professeur de la seconde classe de pathologie chirurgicale traitera, dans la première année,

Des solutions de continuité causées par une violence
mécanique, et de la chirurgie légale, c'est-à-dire :

1.º Des blessures en général,

En particulier.

Des inoculations.

2.º Des fractions en général, et en particulier.

3.º De la chirurgie légale, civile , et criminelle.

Dans la seconde année il traitera des maladies causées
par un changement de situation des parties dures, et
des maladies produites par une conformation vicieuse,
et de matière chirurgicale dans l'ordre suivant:

1.º Dislocations et diastases ;

2.º Unions non naturelles, difformité par un excès
vicieux, ou par un défaut contre nature;

(31)

3.º De la matière chirurgicale, générale et spéciale.

Le professeur d'anatomie pratique traitera de la méthode de disséquer toutes les parties du corps humain,
et l'anatomie comparative des parties des animaux, qui
peuvent servir d'éclaircissement à la physiologie hu-
maine, et il exercera, sur les cadavres, les élèves de la
cinquième année du cours dans l'anatomie pratique.

Le Professeur d'opérations donnera un traité complet
de toutes les opérations de chirurgie, dont il fera un
cours sur les cadavres, et y exercera les étudians de la
cinquième année. Il traitera aussi de l'art des accouchemens, et exercera les éléves avec la décence nécessaire dans
la pratique de cette partie, dans l'hospice de la maternité.

Il parlera aussi des bandages.

Le cours de chirurgie sera de cinq ans. Il y aura
chaque année l'ecole pratique à l'hôpital de S. Jean
Baptiste, sous les professeurs de pathologies et d'opérations.

1.re et 2.e année.

Il fréquenteront les écoles *medico - chirurgicales*
d'anatomie historique, de physiologie, et premières
lignes de pathologie, et dans la seconde année l'anatomie pratique, et la botanique, ou matière médicale des
végétaux.

3.e et 5.e année.

Écoles de pathologie chirurgicale et de chimie.

5.e *année.*

Écoles de dissections, opérations, bandages, et art des accouchemens.

A la fin de chaque année il y aura un examen privé d'une heure sur les traités de l'année; et le dernier examen privé sera partagé en deux parties, dont l'une verbale et l'autre exécutive sur le cadavre, sur deux articles tirés au sort par le prieur, 24 heures avant l'examen verbal, c'est-à-dire, l'un d'anatomie pratique, et l'autre d'opérations. Il y aura encore un examen public qu'on établira ensuite.

École de géométrie.

Le professeur de géométrie, après qu'il aura donné les élémens de l'arithmétique, passera à l'algèbre, et traitera de cette science en général, de ses premières opérations, des puissances, des fractions, des qualités radicales, et de celles imaginaires, des proportions, et progressions et de la résolution des problèmes, et des équations du premier et du second ordre. Il donnera enfin les élémens de la géométrie qui comprennent la géométrie plane et solide, avec les notions relatives de la géométrie pratique et des instrumens qui sont en usage pour cet objet.

Le cours sera d'une année, à la fin de laquelle il y aura un examen privé.

(33)

Ecole de physique.

Le professeur de physique, après les notions générales physiques et chimiques des corps, donnera la mécanique dans laquelle sont comprises les forces centrales, ensuite il traitera des liquides en repos, et en mouvement; puis de l'astronomie physique; après cela les institutions sur l'air et les gaz, le feu, la lumière et l'électricité, ensuite sur l'eau et enfin sur la terre, c'est-à-dire les notions élémentaires sur les trois règnes de la nature.

EXAMEN PRIVÉ A LA FIN DE L'ANNÉE.

Cours des mathématiques.

Le cours de mathématiques durera trois ans, non compris celui d'arithmétique, géométrie et algèbre.

Il y aura deux professeurs, dont l'un enseignera la trigonométrie, les sections coniques, la théorie générale des courbes, le calcul différentiel et intégral.

L'autre la mécanique en général, et l'hydraulique, théorique et pratique.

A la fin de chaque année, il y aura un examen privé, et un public à la fin du cours.

École d'économie rurale et des arts et manufactures.

Le cours sera de deux années.

Dans la première, après une introduction générale à la connaissance physico-chimique des corps et un petit traité de météorologie appliqué à l'agriculture, on traitera du règne minéral et on donnera les fondemens des arts qui dépendent de la connaissance des sels minéraux et des métaux. Ensuite une considération physico - chimique des végétaux, c'est-à-dire les fondemens de l'anatomie et physiologie végétale, l'histoire chimico-économique des matériaux immédiats des plantes, et des arts qui en dépendent.

Dans la seconde année on traitera des végétaux en particulier, de leur cultivation et des arts et manufactures qui sont liées aux différentes familles des plantes, par exemple, les grains, les raisins, les plantes à filasse, etc.

On finira par un traité sur les animaux qui servent à l'économie rurale et sur les arts qu'ils entretiennent, c'est-à-dire des laines, des soies, des cuirs, etc.

École de grammaire générale.

Le cours des leçons de grammaire générale sera borné à une année. Le professeur fera précéder une courte analyse raisonnée de l'entendement humain, et les principales notions sur l'art de raisonner. Il passera ensuite à

l'art de la parole , et traitera de l'influence des signes
sur la pensée , du mécanisme et de la formation de
la voix , de l'origine et des élémens du discours et
de l'écriture, de la nature et des fonctions de chacun
de ces élémens , de la syntaxe et de la ponctuation.
Enfin il traitera briévement de l'art d'écrire lequel com-
prendra la disposition des pensées, les formes de la
diction, c'est-à-dire la phrase, les tropes, le style et son
harmonie.

Écoles d'éloquence latine et italienne.

Le professeur d'éloquence latine donnera ses institutions dans le cours de quatre années. Il traitera de l'art
oratoire , en prenant spécialement pour guide le grand
Aristote. Il expliquera les orateurs historiens, et poëtes
latins, en y faisant, d'après les lumières de la philosophie,
des observations rhétoriques, critiques, philologiques ;
et pour initier ses écoliers dans une connaissance accomplie des écrivains susdits , il leur dictera aussi un
petit traité choisi d'antiquités romaines.

Le professeur d'éloquence italienne règlera de même
le cours de ses institutions pour quatre ans. Il traitera
de l'art poëtique , de l'histoire et du style ; il expliquera
les prosateurs , et les poëtes italiens classiques, en faisant
des parallèles des anciens écrivains avec les modernes: et à
mesure que ces élèves feront des progrès dans l'étude de
la langue grecque, il leur expliquera les plus beaux traits

de prose et de poësie grecque, sans omettre de leur donner, à l'occasion, des notions sur les antiquités grecques.

Les deux professeurs d'éloquence proposeront souvent à leurs écoliers, pour l'exercice du style, des thèmes, et des sujets analogues aux leçons qu'ils reçoivent, et adaptés au système du Gouvernement.

Les étudians de belles lettres, élèves du collége national, à la fin de la première, de la seconde et de la troisième année, subiront un examen par écrit, et de vive voix devant les deux professeurs d'éloquence.

Les étudians de la première année de philosophie fréquenteront l'école de grammaire générale et celle de géométrie. Ceux d'entr'eux qui voudront entreprendre la carrière de la théologie, devront, en outre, fréquenter l'école d'éloquence italienne.

Les étudians de la seconde année de philosophie fréquenteront l'école de physique et d'éloquence italienne; parmi ces derniers, ceux qui embrasseront la théologie devront fréquenter aussi l'école du droit naturel et des gens.

Ceux qui auront étudié la philosophie pendant la première année dans d'autres communes que celle de Turin, pour étudier la physique dans l'Université, devront subir l'examen déjà indiqué, qui durera une heure. Et ceux qui auront aussi étudié, pendant la seconde année, dans lesdites communes, subiront pour les deux années un examen d'une heure et demie avant d'être admis aux cours des facultés de l'Université.

Écoles de langues orientales , critique et chronologie.

Le cours sera de trois ans. Dans la première année on donnera les élémens de la langue , et les premières notions des antiquités ébraïques ; dans la seconde , les élémens de critique , particulièrement de la bible ; dans la troisième, ceux de chronologie, tout en continuant l'enseignement de l'hébreu et des principes des langues chaldéenne , syriaque et arabe, pendant tout le tems qu'on y pourra destiner.

Des écoles de théologie.

La Commission exécutive ayant jugé à propos de ré-tablir dans l'Université nationale l'enseignement de la théologie, le cours en est fixé à cinq ans , et deux seront les professeurs de théologie proprement dite. L'un de théologie dogmatique , l'autre de théologie pratique ou morale.

Celui de dogmatique partagera son cours de la manière qu'il croira convenable, en traitant des lieux théologiques, des écritures de l'église, des conciles, du pape et de la foi-catholique.

Celui de théologie pratique traitera des actes humains, de *justitia et jure*, des préceptes, des pêchés, des censures, des sacremens, etc. Et chacun de ces professeurs distribuera ses traités pour le cours entier de la manière qu'il croira plus convenable, avec l'attention de traiter briévement et avec prudence les questions qui fournissent matière a disputer, les traitant plutôt historiquement, que contentieusement.

Les étudians de théologie fréquenteront, outre les écoles susdites, celle d'histoire ecclésiastique raisonnée, selon la doctrine catholique, d'après l'exposition de l'Évêque Bossuet.

Ils fréquenteront aussi, pendant deux années du cours, l'école d'éloquence italienne.

Pour être admis à l'étude de la théologie dans l'Université, les étudians devront avoir achevé les deux années de la philosophie, savoir grammaire générale, géométrie, éloquence italienne, physique, droit naturel, et des gens.

A la fin de chaque année il y aura un examen privé, et à la dernière un public, comme dans les autres facultés.

Des examens privés pour les étudians de l'Université.

Les examens privés à la fin de chaque année des cours d'étude ci-dessus, auront lieu dans la forme, et selon le réglement annexé à cette instruction, et nul ne pourra y être admis qu'en présentant préalablement au secrétariat de l'Université, les certificats de fréquence à l'école, signés par les professeurs respectifs par trimestre, selon les formules qui seront délivrées *gratis* à tous les étudians audit secrétariat, au commencement de chaque année.

Pour les examens publics il sera rédigé un réglement particulier.

Des examens des professeurs et maîtres dans les arrondissemens et communes du Piémont.

La réorganisation de l'enseignement qui doit être mise en activité, selon la loi du 28 fructidor de l'an 8, dans tous les arrondissemens , et communes du Piémont, exige que les professeurs , et maîtres ou nouvellement choisis, ou confirmés, et qui n'ont point encore subi l'examen d'approbation pour les différentes classes, auxquelles ils sont appliqués, le subissent dans le plus court terme possible. Ces examens auront lieu de la manière suivante:

1.º Les candidats pour l'enseignement de la philosophie, après en avoir fait le cours, ils travailleront dans l'Université , à huis clos, à une dissertation sur un article de philosophie tiré au sort. La dissertation achevée, et remise au secrétariat, ils seront interrogés pendant une heure par quatre membres du collége de la classe de philosophie; et lecture sera faite ensuite de la dissertation, en présence de toute la classe admise à voter, et l'approbation aura lieu quand il n'y aura pas plus d'un suffrage contraire.

Outre cet examen, il subira un examen public en la forme prescrite par les réglemens.

2.º Pour l'enseignement de la rhétorique dans les écoles secondes, le candidat fera un travail par écrit, en prose et en poësie italienne , sur le thème qui lui sera proposé.

Il traduira du latin en italien, quelque passage de Ciceron ou de Tite-Live, et fera la démonstration de telle proposition d'Euclide, qui lui sera indiquée.

Il sera ensuite interrogé pendant une demie heure sur la rhétorique et pendant un autre demie heure sur la langue grecque et sur la géométrie par les professeurs d'éloquence et de géométrie et un des membres du collége de la classe de belles lettres.

Il subira aussi un examen public comme ci-dessus.

3.º Pour la classe des humanités le candidat fera un travail en prose et en poësie italienne, il traduira quelque passage de Ciceron, ou de César, et fera la description d'une portion de la sphère et de ses usages. Ensuite il sera interrogé pendant demie heure sur les principes de la bonne élocution italienne et pendant l'autre demie heure sur les élémens de géographie et d'histoire proposés à l'usage des écoles nationales.

4.º Pour la grammaire supérieure, première classe des écoles secondes, qu'on appellait autrefois *Troisième,* le candidat traduira quelque passage d'auteurs classiques latins et italiens, et composera sur un thème donné, une courte fable ou une lettre ou narration, et arrangera, selon les règles de la prosodie, quelques vers latins défectueux et sans ordre. Ensuite il sera examiné pendant une heure sur les élémens de la langue latine et sur la grammaire italienne de Corticelli.

5.º Les professeurs substituts des écoles de philosophie de l'Université et secondes, seront examinés pendant

une heure par les professeurs de philosophie, de géométrie, et d'éloquence sur les sciences respectives de chacun.

6.º Les maîtres des écoles premières composeront en
italien une courte lettre ou fable, ou narration; ils
seront ensuite examinés pendant demie heure sur les
matières d'enseignement, selon la loi du 28 fructidor an 8.

Les examinateurs seront deux membres du collége
des beaux arts, lorsque les examens auront lieu à Turin,
et lorsque ce sera dans les autres communes, le conseil
d'instruction publique déléguera, à cet effet, deux professeurs des écoles secondes.

7.º Aux examens des classes des humanités et de
grammaire, les travaux par écrit seront remis au secrétaire de l'Université; ensuite, au jour et heure indiqués,
ils seront lus devant les membres du collége de la classe
d'éloquence, dont quatre tirés au sort, interrogeront les
candidats pendant un quart d'heure, chacun sur les matières
de l'examen, et ceci tiendra lieu pour les classes d'examen public.

Extrait de l'original, signé GIRAUD, *président de la
Commission d'instruction publique;* et GARMAGNAN *pour
le secrétaire.*

Turin, le 10 nivôse an 9 Républicain.
*Vû et approuvé, provisoirement, par la Commission
exécutive, le 11 pluviôse an 9.*

Signé GIULIO, président.
MAROCHETTI, *secrét. gén.*

f

RÉGLEMENT

POUR LES EXAMENS PRIVÉS EN L'UNIVERSITÉ NATIONALE.

1.° Les étudians en droit seront, à la première année, interrogés par les professeurs respectifs, sur les trois traités de l'année courante.

2.° Dans les quatre examens privés des quatre années subséquentes, outre les traités courants de chaque année sur lesquels ils seront interrogés, ils le seront de nouveau, savoir: ceux de la seconde année, sur les institutions du droit naturel et des gens; ceux de la troisième, sur les institutions civiles; ceux de la quatrième, sur les institutions sociales, et ceux enfin de la cinquième, sur les seconds traités des mêmes institutions sociales.

Des examens privés en médecine.

1.° Dans la première année ils seront interrogés, pendant une heure, par les professeurs respectifs, sur les traités courants de l'année, d'anatomie, physiologie, et premières lignes de pathologie et élémens de chimie.

A la seconde année ils seront interrogés de nouveau sur les traités courants de la première année, sur la seconde partie du traité d'anatomie, et sur les élémens de chimie, et physiologie végétale.

A la troisième année, ils seront interrogés sur les traités courants de pathologie, botanique, et matière médicale.

A la quatrième année, ils seront interrogés sur les traités courants de pathologie, et de nouveau sur la physiologie, élémens de chimie, et botanique des années précédentes.

2.º Les examens de la seconde, troisième et quatrième année, seront de deux heures.

Des examens privés en chirurgie.

A la première et seconde année, les étudians seront interrogés pendant une heure par les professeurs respectifs, sur les traités courants d'anatomie historique, physiologie, et premières lignes de pathologie.

A la troisième et quatrième année ils seront interrogés aussi, pendant une heure, sur les traités courants de pathologie chirurgicale, et de chimie.

A celui de la cinquième année ils seront interrogés sur les traités courants de dissections, opérations, bandages, et accouchemens, et cet examen sera de deux heures, partagé en deux parties, l'une verbale, et l'autre exécutive sur le cadavre, ainsi qu'il est plus amplement expliqué dans le réglement pour les examens publics.

Des examens pour les écoles de théologie.

Il y aura à la fin de chaque année, un examen sur les traités courants de l'année, et ils seront interrogés par les professeurs respectifs.

*Des examens de philosophie, mathématiques
et éloquence.*

1.º Les étudians de grammaire générale, physique et mathématique subiront, chaque année, un examen privé où ils seront interrogés, pendant une heure, sur les traités courants de l'année, à l'exception de ceux qui auront fait le cours de deux années aux écoles de philosophie dans les communes hors de l'Université, dont les examens seront d'une heure et demie.

2.º Les seuls étudians d'éloquence, élèves du collége national, seront obligés de subir à la fin de la première, seconde et troisième année, un examen par écrit, et de vive voix par les deux professeurs d'éloquence.

A tous les examens privés présidera le prieur de chaque faculté, par qui les jours et heures des examens sur la pétition des aspirans seront fixés, et les trois quarts de suffrages favorables seront nécessaires pour l'approbation.

RÉGLEMENT

DES EXAMENS PUBLICS DANS TOUTES LES FACULTÉS.

CHAPITRE PREMIER.

Pour les facultés de droit, médecine, et théologie.

1.° Les candidats ne pourront se présenter à l'examen public qu'une décade après avoir subi l'examen privé, et y avoir été approuvés.

2.° Il ne pourra y avoir plus de deux examens publics successifs dans une même faculté.

3.° Les candidats présentés par l'un des professeurs qui, par tour, en sera le promoteur, prononceront un petit discours, et soutiendront 12 propositions, formant autant de théses tirées au sort à parties égales, de tous les traités de l'année ; ces théses seront rédigées par les professeurs respectifs, et seront imprimées sur une feuille volante.

4.° Dans les examens, les candidats se serviront de la langue dans laquelle ont été dictés les traités desquels sont extraites les théses.

5.° Pendant la lecture du discours du candidat, le bedeau fera la distribution des théses aux professeurs et docteurs membres du collége de la faculté, et le prieur, avec l'assistance d'un conseiller ancien, procédera à l'extraction des quatre membres du collége, qui devront argumenter, dont les noms seront inscrits sur les registres.

6.° Les membres des colléges absens, hormis que pour cause de maladie, ne jouiront point de la rétribution ou *propines* fixées par le tarif, laquelle sera rendue aux candidats à la fin de l'examen.

7.° Les argumentations achevées, les candidats sortiront de la salle; le bedeau recueillera les suffrages, au moyen de la boîte à boule, en commençant par le prieur, et successivement les professeurs et membres du collége de la faculté qui siégeront, selon l'ordre d'ancienneté ; la boîte rapportée au prieur, les suffrages seront reconnus par lui avec l'assistance des deux plus anciens conseillers, et le résultat en sera proclamé par le bedeau ; il sera favorable lorsqu'il y aura moins d'un tiers de suffrages contraires.

8.° Les candidats approuvés rentreront dans la salle, prononceront le serment d'usage, ensuite le promoteur, après une courte harangue sur quelques points intéressans de la doctrine de la faculté, les proclamera docteurs.

CHAPITRE DEUXIÈME.

Des examens publics en chirurgie.

1.° Les candidats approuvés dans l'examen privé, ne seront admis qu'une décade après.

2.° L'approbation obtenue au susdit examen, le prieur du collége fixera le jour pour l'examen public, qu'il ne pourra avoir lieu qu'une décade et demie après.

3.º Les théses pour cet examen, rédigées par les professeurs, seront sur les articles d'anatomie pratique, et sur la théorie, et mécanisme de l'opération exécutée à l'occasion de l'examen privé.

4.º Dans le reste on suivra les mêmes formalités que pour les examens publics en médecine, et le candidat sera, par le promoteur, proclamé gradué en chirurgie.

CHAPITRE TROISIÈME.

Des examens publics des mathématiciens hydrauliques.

1.º Les examens des architectes civils, mesureurs et arpenteurs, continueront à avoir lieu en la manière prescrite par les constitutions de l'Université, chapitre XVI.

2.º Mais ceux des architectes hydrauliques, seront ainsi qu'il suit :

Le candidat formera le dessein d'un édifice, ou machine hydraulique, dont le thème lui sera donné par le prieur de la faculté ; ensuite ce travail achevé, il subira un examen privé d'une heure, sur les traités courants par les trois professeurs de mathématiques, et celui de physique, à la suite duquel le prieur du collége tirera au sort quatre articles, sur un nombre déterminé des principales questions sur lesquelles seront formées les théses de mathématiques pures ; de mathématiques mixtes, de physique, et de géométrie.

3. L'examen aura lieu en présence des professeurs, et de la classe entière collégiée de mathématiques, y

compris les extraordinaires ou autres membres des autres classes des beaux arts, de manière que le nombre soit toujours de douze présens.

4. Du reste l'examen s'exécutera comme il est dit ci-après, pour les professeurs gradués de philosophie.

CHAPITRE QUATRIÈME.

Des examens pour les professeurs de philosophie et de littérature.

1. Les aspirans à être gradués en qualité de professeurs de philosophie, devront en avoir achevé non seulement le cours entier, mais avoir aussi fréquenté pendant quelque tems les écoles de mathématiques; et ceux qui aspirent à être gradués professeurs de littérature, avoir achevé le cours entier des deux écoles d'éloquence latine et italienne.

S'il se présentait un aspirant qui n'eût pas pu profiter des leçons des professeurs de l'Université, il n'y sera admis que sur les témoignages d'application à cette sorte d'étude, et des preuves d'instruction qu'il présentera au conseil d'instruction publique, et d'être agé de 24 ans accomplis, et ceci parce que les études privées exigent plus de tems que l'instruction méthodique reçue, de vive voix des professeurs; au reste pour les uns et les autres, il sera procédé à l'examen de la manière suivante.

2.° Le candidat pour la philosophie, subira un examen privé d'une heure et demie sur la grammaire générale, la physique, l'arithmétique, et géométrie théorique et pratique par les professeurs respectifs, ensuite le prieur tirera au sort quatre questions, sur lesquelles devront être rédigées les théses à soutenir publiquement; les questions seront, la première de grammaire générale, la seconde d'arithmétique ou géométrie théorique et pratique, la troisième de physique générale, la quatrième de physique particulière.

3.° Le candidat pour les chaires de littérature composera à huis clos dans l'Université un discours ou narration en prose, et quelque pièce en vers italiens sur des thèmes donnés par le prieur du collége de beaux arts, ainsi que la traduction de latin en italien de quelque passage de Ciceron ou de Tite-Live, et rédigera la démonstration d'une des principales propositions du Ier livre de géométrie d'Euclides; après quoi le prieur tirera au sort quatre articles pour l'examen public, savoir: le premier sur l'art de rhétorique; le 2.e sur la poëtique; le 3.e sur l'histoire grecque, sur laquelle, ainsi que sur l'histoire romaine et les beautés de la langue latine, il sera interrogé; le 4.e une question de géométrie.

4.° Au jour et heure fixée, le candidat sera présenté par le professeur promoteur; les théses imprimées sur les articles ci-dessus indiqués, seront distribuées aux professeurs et membres du collége de la classe, dont 4 seront tirés au sort pour argumenter et interroger le candidat sur lesdites théses ; les questions et argumentations finies ; il sera procédé au reste, comme dans les examens publics des autres facultés.

Signé GARMAGNANO, pour le président.

Le Conseil d'instruction publique, vu le règlement ci-dessus présenté par la Commission d'instruction publi- que, a délibéré qu'il serait présenté à la Commission exé-. cutive par le canal du bureau des affaires internes pour en recevoir les délibérations.

Turin, le 25 germinal an 9 républicain.

Signé GIRAUD , *Président.*
SPANZOTTI *Secrétaire général.*

La Commission exécutive approuve, provisoirement, le règlement ci-dessus, ordonnant cependant que les constitutions de l'Université seront exactement observées , en tous les points ès quels il n'est point dérogé spécifi- quement par le présent règlement.

Du palais de la Commission exécutive , le 29 ger- minal an 9.

Signé GIULIO , *pour le président.*
MAROCHETTI *Secrétaire général.*
Contresigné GANDOLFO.

INSTRUCTION PROVISOIRE
D'ENSEIGNEMENT

Pour les écoles premières et secondes dans les communes du Piémont et leurs arrondissemens, proposée par la Commission et le Juri d'instruction publique et approuvée par la Commission exécutive, le 13 brumaire an 9 de la République Française.

ÉCOLES PREMIÈRES.

LES articles d'instruction pour ces écoles, selon la loi du 28 fructidor an 8, sont

    1.º Lire et écrire,

    2.º Rudimens de grammaire italienne,

    3.º Élémens de morale,

    4.º Élémens d'arithmétique pratique,

    5.º Élémens d'institutions sociales,

    6.º Exercices de style italien sur des sujets familiers.

Or, dans les communes où un seul maître existe pour l'enseignement de tous les susdits articles, il suivra la méthode ci-après désignée.

Il apprendra à lire et écrire correctement, se servant d'abord, pour la lecture, de la *table noire*, ensuite du nouvel *abécédaire* du citoyen Jean-Baptiste Somis, intitulé *livre premier*.

Après cela, mettant en usage le petit ouvrage intitulé *rudimens de la langue italienne pour les écolés premières*, il commencera par faire connaître les bases grammaticales, qui sont le discours et ses parties, le genre, la terminaison, le nombre, les articles, le pronom, le verbe, etc.

En conséquence il fera lire le premier recueil de fables et de contes, qui est intitulé *livre second*, et pendant la lecture il fera distinguer, et observer chaque partie du discours, les genres, les cas, les tems, etc.

Lorsque les élèves commenceront à entendre suffisamment ces lectures et ces observations, il les obligera tous les jours à copier correctement quelque ligne dudit petit livre, en y ajoutant sur chaque mot de très-courtes notes entre les lignes.

Dans le même tems, deux fois par décade, il fera lire pendant une demie heure par jour, les élémens de morale proposés pour ces écoles, afin d'insinuer dans leurs ames des pensées, et des sentimens de vertu et de probité.

Il commencera aussi à se servir de la table arithmétique pour leur donner les élémens de cette science, c'est-à-dire les règles de l'addition et de la soustraction, avec celles de la multiplication et de la division, en y employant de même une demie heure par jour, deux fois chaque décade.

Pendant demie heure aussi dans chaque décade, il occupera les élèves sur les élémens d'institutions sociales, d'après l'opuscule de Cesarotti, intitulé *instruction d'un citoyen à ses frères.*

Et lorsqu'il croira que ses élèves sont en état d'écrire quelque chose de leur invention sur un sujet quelconque, et qu'ils possèdent assez de mots pour pouvoir exprimer en plusieurs manières leurs pensées, alors pour les exercer dans le style italien, sur les traces des bons écrivains, il leur fera composer de petites fables, de petits contes et des lettres familières, en choisissant toujours des thèmes faciles, sur des sujets communs, et en faisant toujours précéder un plan de travail.

Pour exercer la mémoire qu'on doit toujours cultiver, outre les rudimens de la langue italienne on leur fera étudier et réciter, tous les jours, quelque court passage des livrets proposés, que l'on jugera plus propre pour cet objet.

Quant aux communes où il y a deux maîtres pensionnés, l'un d'eux se bornera aux quatre premières parties des enseignemens sus-désignés, et l'autre se réservera les deux dernières, et sera encore chargé de donner les premières connaissances d'agronomie pratique et d'histoire naturelle, deux fois par décade, et pendant demie heure par jour, sur les livres qui vont être imprimés, et en attendant, jusqu'à ce qu'ils soient publiés, le maître pourra prolonger tant soit peu la lecture des autres livres déjà indiqués, et nommément du *livre second.*

Si quelque commune, par des motifs particuliers, entretenait plus de deux maîtres pour les écoles susdites, alors celui qui en aura la direction, devra distribuer et assigner à chacun d'eux les parties de l'enseignement, suivant les règles prescrites par ladite loi et l'instruction présente.

ÉCOLES SECONDES.

Première classe.

C'est à cette classe, nommée ci-devant *grammaire*, qu'il appartiendra d'achever l'étude de la grammaire italienne, l'enseignement de la langue latine, et l'explication des droits, et des devoirs de l'homme et du citoyen.

Pour donner aux élèves une connaissance accomplie de la langue italienne, le maître leur expliquera les règles et observations rédigées en trois livres par Corticelli, et pour l'enseignement de la langue latine, puisque les écoliers y sont actuellement assez initiés, il continuera à expliquer, comme auparavant, la syntaxe, ses figures, et autres observations particulières, contenues dans la *nouvelle méthode*, sans omettre le règles de la prosodie.

Mais il devra sur-tout, autant pour l'une que pour l'autre langue, faire en sorte que l'explication des auteurs et l'exercice du style, marchent toujours ensemble. En conséquence, à l'égard de l'italienne, il leur fera lire avec les réflexions nécessaires, des fables, des lettres, des

contes, des narrations dans le recueil qu'on imprimera
au plutôt, à l'usage des écoles nationales, et qui contien-
dra des essais choisis de littérature italienne; et il ne ces-
sera de leur faire exercer le style avec des compositions
de cette sorte, en tirant toujours les thèmes (ce que
l'on devra pratiquer dans toutes les classes) des meilleurs
auteurs; et de manière que la source d'où ils seront
tirés, serve ensuite pour la correction des compositions.
Pour la latine il leur expliquera principalement les vies
de *Cornelius Nepos*, les lettres familières de Cicéron,
et les fables de Phédre ; et pour travail, il ne leur proposera que des passages choisis des meilleurs prosateurs
latins, pour être traduits en italien, avec toute la diligen-
ce possible. Et comme la mémoire doit être cultivée
particulièrement dans toutes les classes, afin de l'affermir
et de l'augmenter, il les obligera d'apprendre par cœur
tous les jours, et de réciter exactement les plus beaux
passages des auteurs, tant italiens que latins, choisis ex-
pressément pour donner matière aux lectures, aux explications et aux compositions.

Enfin, outre ces exercices, il leur fera lire pendant
demie heure, une fois par décade, l'opuscule du citoyen
professeur Rostagni, intitulé *les droits et devoirs de
l'homme et du citoyen.*

Seconde classe.

A cette classe, appelée jadis des humanités, appartien-
dront les exercices et les principes de l'éloquence italienne,

les élémens de géographie et d'histoire, sur-tout des républiques anciennes et modernes, et notamment de celles de l'Italie.

Le professeur pour l'enseignement desdits principes, qui sont les ornemens du discours, les tropes, les figures des mots et des sentences, etc. continuera aussi (puisque les préceptes de l'élocution sont les mêmes pour toutes les langues) à expliquer par *interim* le petit ouvrage *de expolienda oratione, atque stylo exercendo.*

À cette théorie il joindra, tous les jours, la pratique, tant en expliquant sur le recueil proposé des fables, des narrations, des lettres, des discours de prosateurs excellens, et même quelque morceau de poësie italienne, qu'en proposant toujours sur la trace des auteurs classiques, des compositions analogues auxdites lectures et explications, et cela toujours en italien, excepté quelque passage de César, ou de Saluste, et quelquefois même de Virgile (pour ne point exclure totalement la poësie latine), pour être traduits en italien deux fois par décade.

Pour les élémens de géographie, il se servira de l'opuscule intitulé *introduction à la géographie*, du citoyen professeur Rostagni, qu'il expliquera pendant une demie heure deux fois par décade; et pour les élémens de l'histoire, il se servira de l'ouvrage . . . . . qui sera imprimé au plutôt, et pour l'explication duquel il fixera une heure par jour, deux fois chaque décade.

Troisième classe.

A cette classe, nommée ci-devant *rhétorique*, appartien-dront les préceptes de l'éloquence italienne, les premiers élémens de géométrie et les principes de la langue grecque.

Pour les préceptes, le professeur continuera provi-soirement à expliquer le petit ouvrage *de arte rhéto-rica ad Subalpinos.*

Mais à cette théorie il appliquera toujours la pra-tique, par ses observations sur des harangues, des lettres, des contes et des poësies choisies, qui seront insérées dans le recueil ci-dessus mentionné.

A cette sorte de compositions devront être analo-gues les thèmes qu'il proposera toujours en langue ita-lienne, excepté deux jours par décade, dans lesquels pour l'exercice de la langue latine, dont l'étude est de si grande importance, il fera traduire en italien quelque harangue républicaine de Tite-Live, quelque lettre de Ciceron à *Atticus*, et même de tems à autre, quelque morceau de l'art poëtique d'Horace.

Quant aux premiers élémens de géométrie, il se ser-vira de l'ouvrage intitulé *élémens de géométrie théori-rique et pratique*, du citoyen professeur Rostagni, qu'il expliquera pendant demie heure trois fois par décade ; et à l'égard des principes de la langue grecque, il se ser-vira de la *grammaire* et de l'*excerpta*, qui étaient déjà en usage, en y employant aussi, deux fois chaque dé-cade, une demie heure par jour.

h

SUPPLÉMENT

POUR LES ÉCOLES DE PHILOSOPHIE.

1.° Afin de conserver aussi dans les études de la philosophie l'uniformité si nécessaire , les professeurs sont invités à se servir pour cet objet des livres proposés depuis quelques années, par le ci-devant magistrat de la réforme , à l'usage des colléges de province.

2.° Au cas qu'on ne trouve pas dans quelques communes une quantité suffisante de ces livres, pour ne point apporter du retard dans l'enseignement uniforme , les professeurs pourront dicter en classe ces mêmes livres , en omettant seulement ce qu'ils jugeront ne pouvoir être préjudiciable à l'intégrité des traités.

3.° Les professeurs pourront enseigner en latin , ou en italien , selon la loi du 3 pluviôse de l'an 7.

Le plan d'instruction ci-dessus rapporté est approuvé par la Commission.

Turin, le 11 brumaire an 9 de la Républ. Franç.

Signé GIRAUD Président.

Contresigné Rossi secrétaire général.

Approuvé par la Commission exécutive,

Signés CHARLES BOTTA Président ;

MAROCHETTI secrétaire général.

Du palais de la Commission exécutive, le 13 brumaire an 9. (4 novembre 1800.)

SECOND MÉMOIRE

SUR LA FONDATION ET L'ORGANISATION

DU COLLÉGE NATIONAL DU PIÉMONT,

CI-DEVANT DIT DES PROVINCES,

DIVISÉ EN TROIS PARTIES,

LA PREMIÈRE, HISTORIQUE, DEPUIS SA FONDATION EN 1729:

LA SECONDE, SUR SON ORGANISATION SOUS LE RÉGIME ROYAL:

LA TROISIÈME, DEPUIS L'AN 7 DE LA RÉPUBLIQUE,
JUSQU'EN L'AN 10.

SECOND MÉMOIRE.

PREMIÈRE PARTIE.

LES circonstances n'ayant permis qu'en 1720 à Victor-Amédée II, devenu roi de Sardaigne, de réorganiser l'instruction publique dans ses états et de rétablir l'Université des études de Turin, ainsi qu'on l'a vu dans le précédent mémoire sur l'Athénée, ce n'a été qu'en 1729, qu'ayant jugé convenable de réformer les constitutions de l'an 20, qu'il fonda, en même tems, le collége proposé par le chevalier d'Aguirre, sous le nom de collége des étudians des provinces, pour l'entretien gratuit de cent élèves privés des moyens de mettre à profit leurs talens, qui seraient choisis, par la voie des examens de concours en juste proportion, dans toutes les provinces de ses états, qu'il avait fait concourir au versement des fonds nécessaires pour cet établissement dans les caisses des finances royales, qui furent chargées de verser dans celle du collége, la somme annuelle de ll. 28,840 de Piémont, ainsi qu'il en résulte par le bilan, approuvé, le 11 décembre 1730, par le comte Gaballeon de Salmour, qui avait été nommé protecteur dudit collége.

Dudit bilan résulte que le collége était ouvert pendant 9 mois de l'année pour 115 personnes, savoir; 100

élèves, 4 supérieurs et officiers, et 11 domestiques, et pour les autres trois mois, le nombre des élèves se réduisait au tiers, de manière que chacun avait deux mois de vacance, et que parmi le tiers, il y avait toujours un nombre suffisant d'élèves en chirurgie pour le service de l'hôpital de s. Jean-Baptiste.

Le prix des denrées et en conséquence de tous les autres objets, était tel, lors de la fondation, que la pension mensuelle avait été calculée sur le pied de vingt livres, et malgré cela, comme dans les susdites constitutions de 1729, il était établi que ceux qui auraient fondé des bourses ou places gratuites dans ce collége, auraient joui eux et leurs successeurs du droit de nomination ; la somme capitale à payer pour la fondation de chacune de ces bourses, a été fixée à ll. 8,800.

Le collége, au moment de son ouverture, a été placé dans une portion de la maison des prêtres de l'oratoire, dite s. *Philippe*, d'où il a été transporté, en 1738, dans le nouveau bâtiment reconstruit pour cet usage sur la place dite alors *Carline*.

Comme le nouveau local où le collége venait d'être placé, était assez vaste, il fut statué qu'outre les 100 élèves jouissans des places gratuites des provinces, on y recevrait un nombre proportionné au local de pensionnaires, dont la pension fut fixée à ll. 25 par mois, et attendu l'augmentation du prix des denrées, d'assignation des sommes à verser par les finances royales dans la caisse du collége, fut fixée, par billet du roi Charles Emmanuel

(61)

III, du 24 septembre 1738, à la somme de 30,000 ll.,
payables par quartiers anticipés, et la pension mensuelle
à 3o; par un nouveau règlement du 27 décembre 1739,
fut réformé celui qui avait été rédigé par le feu comte
de Salmour, en 1729, et approuvé par patentes royales
du 8 novembre de la même année, à la première ouverture du collége.

En 1746, lors de l'élection de l'abbé de Ricaldon à
la place de gouverneur du collége, fut encore réformé
le règlement de 1739, et émana celui du 8 novembre
1746, qui, à peu de modifications près portées par différens billets royaux successivement émanés, et sur-tout
par les constitutions de l'Université, du 9 novembre 1771,
fut observé jusqu'en 1792, que le collége fut fermé, ainsi
qu'on le verra ci-après. Par billet du roi, du 2 juillet 1749,
fut aussi réformé l'ancien plan de répartition des 100
bourses ou places gratuites, pour en faire participer la
jeunesse des pays nouvellement réunis aux états du Piémont,
auxquels pays réunis, huit bourses furent assignées.

En 1751, par traité du 6 juillet entre le roi de Sardaigne Charles Emmanuel et l'impératrice reine d'Hongrie,
22 bourses ou places gratuites, établies en faveur de la
jeunesse de plusieurs communes du comté d'Aléxandrie,
dans le collége Ghisleri fondé à Pavie par le pape Pie V,
furent réunies au collége des provinces, avec l'assignation
du payement à faire de la part du marquis D. Pie Ghisleri
Malaspina, de la somme annuelle de ll. 8,421 de Milan,
faisant ll. 5,614, 8 sols de Piémont, jusqu'au payement

d'un capital correspondant, sur le pied de 4 pour cent
d'intérêt, ainsi qu'il résulte par le billet du roi, du 6
novembre 1751, capital qui fut ensuite effectivement
versé dans la caisse royale de rédemption, et la somme
de ll. 136,337, 8 sols, 5 deniers à la charge du payement
annuel des intérêts à 3 et demi pour cent, montant à celle
de ll. 4772, 10 sols, 2 deniers payables à quartiers anticipés, suivant la teneur des patentes royales du 19 novembre 1765, à la caisse du collége, au profit duquel,
par autres patentes royales du 13 octobre 1778, sur le
monte de s. Jean-Baptiste de la 22.ᵉ érection, formé du
patrimoine vacant des Jésuites, fut assignée aussi la somme
annuelle de huit mille livres.

En 1781, par autres patentes royales du 24 juillet,
furent réunis et agrégés au collége des provinces, les
revenus et biens de celui des ss. Maurice et Lazare,
fondé en cette ville par le feu Sénateur Guidetti, pour
l'entretien de cinq élèves choisis parmi ses descendans;
de manière que, par ces deux dernières réunions, le
nombre des bourses ou places gratuites, fut porté à 127,
dont 30, au moins, pour des élèves en chirurgie, chargés pendant toute l'année du service de l'hôpital de s.
Jean-Baptiste.

C'est de ce collége des provinces que sont sortis
presque tous les hommes les plus distingués du Piémont,
soit dans les emplois les plus éminents, soit dans les
sciences (*a*); et c'est précisément au trop grand éclat des
lumières, qui de ce foyer ne cessaient de se répandre

parmi la Nation Subalpine, qu'est dû le perfide conseil donné à Victor Amédée III, et adopté par lui de le fermer par billet du roi, du 2 novembre 1792, de le tenir fermé pendant la guerre, et de réduire son local en casernes pour ne plus l'ouvrir, même à la paix signée en 1796.

Mais à l'apparition de l'aurore de la liberté, les républicains sages autant qu'éclairés, choisis en l'an 7 pour être membres du Gouvernement provisoire, élèves pour la plûpart de ce collége, se hâtèrent, en ouvrant de nouveau l'Université qui avait aussi été fermée pendant la guerre, de rétablir le collége des provinces, sous le nom de collége national, par le décret du 13 pluviôse an 7, le plaçant provisoirement dans l'édifice du collége supprimé des nobles, dont le citoyen Sébastien Giraud, nommé gouverneur du collége, en remplacement de l'Abbé Incisa, fut chargé de prendre possession, et dont les revenus lui furent aussi réunis, montant à-peu-près à la somme annuelle de 21,000 livres, savoir :

1.° Revenu sur le *monte* de la 22.ᵉ érection
    formé du patrimoine des Jésuites . ll. 15,000
2.° Loyers de portion du bâtiment du col-
    lége et d'un petit domaine à Cumiana ,, 6,000

                             ll. 21,000

Mais ce n'est que de ce dernier revenu que le collége national a effectivement joui jusqu'à la réunion de ses biens à ceux de l'Université, ainsi qu'on le verra dans la suite de ce mémoire.

Par le billet du roi, du 2 novembre 1792, ci-dessus annoncé, portant l'ordre de fermer le collége, il fut établi qu'un nombre d'élèves suffisant pour le service de l'hôpital de s. Jean Baptiste serait conservé, et l'on arrêta le bilan de la somme annuelle à verser dans la caisse du collége, soit pour l'entretien desdits élèves, sous le nom de *convito* intérinal, soit pour la continuation des appointemens du gouverneur, préfets et autres employés du collége, pendant le tems qu'il resterait fermé, avec ordre aux finances de tenir la somme de ll. 13,205, 6 sols, restant des revenus en réserve, pour être ensuite employée, à l'occasion, au profit du collége, ~~comme par la copie du susdit billet jointe à ce mémoire.~~

Lorsque le collége fut fermé, il était suffisamment pourvu en lits, linge et autres meubles ; mais peu de tems après, par un autre billet du roi, du 26 octobre 1792, 250 lits furent remis au bureau de la solde, à charge du remboursement de leur prix, selon l'évaluation qui en serait faite, ce qui n'a jamais eu lieu ; de manière que, lorsque le Gouvernement provisoire chargea, en l'an 7, le nouveau gouverneur Giraud des dispositions nécessaires pour l'ouverture du collége, à peine existait-il une trentaine de lits, et ce ne fut pas sans de grandes difficultés que, par les mesures approuvées par le Gouvernement provisoire, on est venu à bout d'un approvisionnement en meubles et lits, pour recevoir les élèves qui, au nombre de cent dix, venaient d'être choisis selon la nouvelle répartition et distribution des bourses ou places gratuites décrétées le 28 ventôse an 7 ; on trouvera copie de ce décret à la fin de ce mémoire.

Le bienfait toute fois de l'ouverture du collége s'évanouit bientôt, puisqu'aux premiers momens de l'invasion des Austro-Russes et du rétablissement du gouvernement Sarde, le collége national fut fermé, son mobilier dispersé et dilapidé, son local converti en prison, et ses revenus, montant à-peu-près à la somme de ll. 48,000, non comprises les ll. 6,000 qu'il possédait sur le *monte* de la 22.ᵉ érection (*b*), et dont on ne versait effectivement que ll. 2,000, réunis pour la plus grande partie aux finances royales, et les ll. 6,000 désignées sous le n.º 6 dans la note ci-bas, remises à l'administration du collége des nobles qu'on voulait rétablir ; ce qui dura jusqu'à ce que la Commission du gouvernement, établie par arrêté du Héros du siècle, le premier Consul BONAPARTE, remettant en vigueur, par son décret du 26 messidor an 8, les lois et dispositions du Gouvernement provisoire, en faveur du collége national, en prépara le rétablissement, qui n'a pu s'effectuer qu'au mois de brumaire an 9, par les sages mesures de la Commission exécutive, qui comptait, parmi ses trois membres, les citoyens Giulio et Botta, élèves dudit collége auquel, par décret du 30 brumaire, furent agrégés les biens du séminaire de s. Benigne, et par celui du 10

i

frimaire, le mobilier de celui de cette commune et des maisons religieuses des prêtres de la mission, ainsi que de la Chartreuse de Collegno, dont les immeubles furent cédés à l'Université nationale.

Mais la Commission exécutive considérant que des progrès des lumières dépendait essentiellement la consolidation de la liberté subalpine, crut indispensable d'assurer sur des bases fixes et durables le sort de l'Université, du collége national et des autres branches de l'instruction publique, en lui assignant en dot des propriétés foncières, en réunissant son administration en un seul corps, sous une seule administration économique, ainsi qu'elle a fait par ses décrets du 10 frimaire et 26 pluviôse an 9, portant la réunion et biens du collége national à ceux de l'Université, à la charge du payement à faire par la caisse de ladite administration économique, de la somme annuelle de ll. 50,000 de Piémont, pour l'entretien du collége national qui venait d'être ouvert de nouveau dans l'ancien local du collége des nobles, à la charge des finances nationales de supléer aux frais nécessaires jusqu'au premier de germinal, ainsi qu'à ceux de translation et arrangement dans le nouvel édifice qui lui fut assigné par l'arrêté du 14 ventôse de la même année, beaucoup plus ample et plus commode et où il a réellement été transféré au commencement de germinal suivant.

SECONDE PARTIE.

La direction du collége, sous le gouvernement royal, était confiée à un gouverneur nommé par le roi et choisi parmi de jeunes ecclésiastiques de la première noblesse, qui, du gouvernement du collége, passaient ordinairement, en peu d'années, à un évêché ou à une des meilleures abbayes ; ce qui en rendait les changemens très-fréquens.

Le gouverneur du collége dépendait directement du roi, et en recevait les ordres et les instructions par le canal du ministre de l'intérieur, auquel il adressait les mémoires, demandes et éclaircissemens qu'il croyait nécessaires à l'occasion, pour la direction et le bien du collége.

Au gouverneur du collége en était entièrement confiée la direction morale, littéraire et économique, de même que la surveillance sur l'exécution des réglemens, de la part de tous les officiers et employés du collége, ainsi que de la part des élèves et pensionnaires, à charge toutefois, dans les cas extraordinaires, d'en concerter les mesures avec le magistrat de la réforme, quant à la partie littéraire et de discipline, et de prendre l'avis de l'intendant général de la maison du roi, quant à la partie économique, le tout conformément à ses instructions.

Les instructions émanées du roi et signées par lui, étaient divisées en quatre parties. La première regardait les obligations des officiers du collége ; la seconde, les conditions pour l'admission des étudians au nombre des élèves du collége ; la troisième concernait la conduite morale et civile et l'étude de la part des étudians, avec sous-division particulière pour les étudians en belles lettres et en chirurgie ; la quatrième était relative à l'administration économique du collége.

D'après lesdites instructions et le titre X des constitutions royales de l'Université de 1771, les classes des étudians étaient fixées au nombre de quatre, correspondantes aux quatre facultés d'enseignement à l'Université, savoir :

      La théologie ;

      Le droit ;

      La médecine, à laquelle était agrégée la chirurgie ;

      Les belles lettres, y compris la philosophie et la géométrie.

Pour chacune de ces quatre classes, était destiné un *préfet*, nommé par le roi et patenté par lui. Celui de théologie, auquel le titre de *vice-préside* avait été conféré, suppléait le gouverneur en cas d'absence, et au défaut du gouverneur et du vice-préside, le plus ancien des préfets était suppléant de droit.

Les préfets étaient chargés, sous les ordres et d'après les instructions particulières du gouverneur auquel ils étaient entièrement subordonnés, de veiller, avec tout le soin possible, sur la conduite des élèves et pensionnaires de leurs facultés, d'assister avec exactitude aux répétitions

journalières des répétiteurs , aux heures et selon la distribution qui en serait faite annuellement par le gouverneur , et chacun desdits préfets était chargé de faire deux
répétitions par semaine , en se conformant aux articles
des instructions ci-dessus mentionnées , qui leur seraient
communiquées , en ce qui le regardait.

Outre les préfets , il y avait six répétiteurs choisis par
le gouverneur, parmi les gradués, dans les différentes facultés , sous l'approbation du magistrat de la réforme.

Le nombre de ces répétiteurs pouvait être augmenté
et changé par le gouverneur , lorsque le bien de l'instruction l'exigerait ; ils étaient obligés de se conformer
aux directions qui leur étaient données par les préfets des facultés respectives, auxquels ils étaient subordonnés.

Il était défendu aux préfets et aux répétiteurs de ne
rien exiger , ni recevoir , sous quelque prétexte que ce
pût être , des étudians , soit élèves, soit pensionnaires ,
pour les répétitions ou exercices , et pour leurs préparations aux examens, sous peine d'être privés de leurs
emplois et exclus du collége : articles sur lesquels le gouverneur était spécialement chargé de veiller et d'en faire
mention dans les lois et réglemens qu'il devait publier en
forme de proclamations , et afficher au commencement de
chaque année scholastique, soit imprimés, soit manuscrits.

Six assistans , prêtres, dont le nombre fut dans la suite
porté à huit, étaient chargés de dire la messe journelle-
ment , par tour , dans la chapelle du collége et dans

celle de l'Université , et de surveiller la conduite des élèves ou pensionnaires, tant à l'égard des bonnes mœurs que de l'étude , dans l'intérieur du collége et au déhors, en se conformant aux instructions du gouverneur.

De tems en tems , le gouverneur devait rassembler les préfets , les répétiteurs et les assistans , pour indiquer à chacun, d'après leurs rapports, les moyens les plus propres pour le plus grand progrès et bonne conduite des élèves et pensionnaires de leurs facultés respectives , sans qu'aucun d'entre eux pût prendre de détermination conséquente sans la participation préalable du gouverneur ou de son suppléant en cas d'absence.

Dans le nombre des officiers du collége étaient compris le secrétaire , l'économe et le trésorier du collége, qui l'était aussi de l'Université , chargés d'instructions particulières rapportées dans les constitutions de l'Université.

Le secrétaire était nommé par billet du roi , sur la proposition du gouverneur ; et l'économe l'était par le gouverneur , d'après l'avis de l'intendant de la maison du roi.

L'économe était chargé de tous les détails de l'administration économique , en passant acte légal de soumission pardevant notaire , avec cautionnement pour les sommes dont le maniement lui serait confié, et l'exacte observance des instructions qui lui seraient données par le gouverneur.

Parmi les officiers du collége était le médecin, nommé par le roi pour traiter, en cas de maladie, les élèves auxquels les remèdes étaient fournis aux frais du collége, mais que les pensionnaires devaient se pourvoir à leurs propres frais, ainsi que l'assistence du médecin qu'ils pouvaient choisir à leur gré, avec l'agrément du gouverneur.

Outre les officiers sus-mentionnés, il y avait un nombre de domestiques pour le service de la maison, savoir:

1.º Un maître-d'-hôtel subordonné à l'économe, chargé du détail et de la surveillance sur la cuisine, sur le réfectoire, sur le service des tables et sur les fonctions des autres domestiques appellés *camerieri*.

2.º Un cuisinier chef et un nombre d'aides et garçons-de-cuisine, fixé annuellement par le gouverneur.

3.º Un portier.

4.º Un nombre suffisant de domestiques pour le service des préfets, élèves et pensionnaires et du réfectoire.

5.º Un sommelier chargé de la distribution des vins, sous l'inspection immédiate de l'économe.

6.º Un boulanger:

Le nombre des domestiques était fixé annuellement par le gouverneur à proportion du nombre des élèves et pensionnaires, de manière que le service put se faire avec exactitude, mais avec toute l'économie possible.

Toutes ces personnes de service étaient obligées de se conformer aux instructions émanées du gouverneur, qui leur étaient annuellement communiquées, à peine de privation de leur emploi et de renvoi du service.

Les appointemens du gouverneur et officiers, et les gages des domestiques étaient fixés selon l'état ci-joint, jusqu'à l'an 7.ᵉ

Indépendamment des appointemens et gages, le gouverneur et officiers, à l'exclusion du médecin et du secrétaire, étaient logés, nourris et éclairés dans le collége, ainsi que les domestiques ; mais, comme le collége n'était ouvert que pendant les huit mois de l'année scholastique, et était fermé pendant les quatre mois des grandes vacances, une indemnité pour la table était fixée pour le gouverneur et les préfets, d'après le taux de la pension mensuelle des pensionnaires ; de manière que, lorsque ladite pension était fixée à ll. 34 par mois, les préfets et l'économe recevaient une indemnité de ll. 34 par mois pour la table, qui était aussi fixée pour le *camerier* du gouverneur à dix livres par mois de moins que les préfets, c'est-à-dire ll. 24, ainsi qu'on le voit dans l'état annexé au billet du roi de 1792 ; quant au logement, les officiers du collége continuaient à en jouir comme dans le tems que le collége était ouvert.

Pendant le tems des grandes vacances, un nombre d'élèves en chirurgie proportionné aux besoins du service de l'hôpital de s. Jean Baptiste, continuait à être entretenu dans le collége, sous les ordres du gouverneur, direction et surveillance du premier répétiteur-chirurgien assistant de l'hôpital, et d'un des assistans-prêtres ci-dessus mentionnés ; le nombre des personnes de service était réduit à quatre, y compris le portier.

Le nombre des bourses, ou places gratuites était de 127, par la réunion des 5 places de la fondation Guidetti, ajoutées aux 122 de l'état de répartition de 1751. Sur

ces 127 bourses, six étaient occupées par les répétiteurs,
cinq par les étudians choisis, parmi les descendans du
sénateur Guidetti, par l'archevêque de Turin, selon la
teneur du testament du fondateur. Vingt-deux bourses
étaient assignées aux étudians des terres du comté d'Aléxandrie et des environs, de la fondation Ghisleri dont
il a été parlé ci-dessus; il restait en conséquence 94 places,
sur les 100 de la première fondation, à distribuer parmi
les différentes provinces, selon la répartition.

Les choix pour l'admission à ces 94 places et aux 22
de la fondation Ghisleri, se faisaient, par la voie des examens de concours, de la manière prescrite par une instruction particulière.

Le choix des candidats parmi les étudians des provinces se faisait parmi ceux qui avaient terminé le cours
d'études fixé par les statuts de l'Université, pour commencer en droiture le cours des facultés pour lesquelles
ils avaient été choisis, et ils jouissaient des bourses pendant le cours entier de chaque faculté, mais quant aux
élèves des places de la fondation Ghisleri et Guidetti, ils
pouvaient être admis dès la première année de la philosophie, et occuper leurs places respectives pendant sept
années scholastiques.

La distribution ou la fixation de la faculté pour laquelle
les examens de concours, en cas de vacances, devaient
s'ouvrir, était faite par le gouverneur du collége avec
l'attention que les élèves en chirurgie fussent toujours au
nombre de 25 au moins, que ceux pour les belles lettres

fussent toujours proportionnés aux besoins des professeurs pour les écoles provinciales, et que le nombre des élèves en médecine fut aussi en proportion des besoins du pays, et toujours plus grand que ceux de théologie et de droit.

Outre les élèves jouissans des bourses, un nombre déterminé de pensionnaires était reçu dans le collége, en proportion que le local pouvait le permettre, et ce nombre, avant la clôture du collége, en 1792, avait été précédemment porté au double des jouissans des bourses, ou soit élèves du collége proprement dit.

Nulle différence n'avait lieu entre les élèves et les pensionnaires; ils jouissaient tous des mêmes avantages pour l'instruction, de la même table, des mêmes services, des mêmes droits et privilèges; ils étaient les uns et les autres obligés à l'exacte observance de tous les statuts et règlemens du collége, et à la même subordination envers les supérieurs et préposés.

TROISIÈME PARTIE.

Lorsqu'en l'an 7 de la République Française, le Gouvernement provisoire Républicain du Piémont fut établi, considérant combien l'Université nationale et le collége des provinces avait contribué à ce merveilleux élan de la nation Piémontaise vers la liberté, et que la propagation des lumières était le plus terrible fléau du despotisme, décréta, le 25 frimaire de ladite année, la nouvelle ouverture de l'Université et du collége national des provinces , dont il confia le gouvernement , le 28 nivôse , au citoyen Giraud , chargea le comité d'instruction publique des dispositions nécessaires à cet égard, et de proposer les réformes dans leur organisation et le régime les plus adaptés à un Gouvernement Républicain.

C'est d'après les propositions du comité d'instruction publique qu'émana le décret du 3 pluviôse, portant entre autres dispositions, la suppression de l'autorité de la chancellerie ecclésiastique, du magistrat de la réforme des études, dont les fonctions furent attribuées au comité des affaires internes, des chaires de théologie, de droit-canon, des conférences théologiques et de la chapelle de l'Université, avec l'établissement des chaires, des droits et des devoirs des hommes, de l'art des accouchemens, de chimie et dans le collége national, d'un préfet de chirurgie à la place de celui de théologie.

Par un autre décret du 13 du même mois de pluviôse, sur la proposition du gouverneur du collége , fut décrété la suppression du collége des nobles, avec la destination provisoire du local de celui-ci au collége national, et le gouverneur chargé d'en notifier aux directions centrales la prochaine ouverture , avec l'indication pour les examens de concours dans les différentes provinces, d'après les bases contenues dans le même décret et plus amplement détaillées dans les lettres du comité des affaires internes du 1.er, 7 et 28 ventôse, avec la nouvelle distribution des places gratuites , ou bourses , approuvées par le Gouvernement provisoire , en en destinant quatre pour les mathématiques.

En conséquence de ces délibérations, le gouverneur du collége prit les mesures nécessaires pour en hâter l'ouverture, tant pour les dispositions locales que pour les approvisionnemens.

L'instruction pour les examens des concours, approuvée par le Gouvernement, fut adressée aux directions centrales ; l'élection des candidats, selon sa teneur, faite et publiée ; le collége ouvert sous la direction du gouverneur, des quatre préfets de droit, médecine, chirurgie et belles-lettres nommés par le Gouvernement ; le nombre des répétiteurs porté à dix, attendu l'augmentation du nombre des chaires et la destination de l'un d'entr'eux à l'enseignement de la langue française et de la géographie ; les assistans prêtres supprimés et remplacés par un préposé pour chaque chambrée, choisi parmi les élèves ou pensionnaires nouvellement gradués, qui, pendant leur cours avaient donné des preuves de bonne conduite, et étaient dans le cas de surveiller attentivement, mais sans pédantisme, celle des étudians.

Les statuts et réglemens ~~qui se trouveront à la fin de ce mémoire~~ pour la discipline interne, rédigés, approuvés provisoirement, publiés, et le régime du collége organisé d'après les bases ci-dessus mentionnées, et les anciennes instructions à observer en tout ce qui par les lois et déterminations du Gouvernement provisoire n'y avait point été dérogé.

Indépendamment de 110 bourses, un petit nombre de pensionnaires y fut reçu, le local n'en comportant pas davantage, et la pension proportionnée aux prix des denrées, fixée à ll. 45, taux en proportion duquel furent aussi fixées les indemnités pour la table des officiers et employés pour le tems des grandes vacances, et les gages des domestiques fixés, eu égard à l'augmentation générale proportionnée à celle des denrées.

Au moment de la malheureuse invasion des Austro-Russes, une des premières résolutions du despotisme fut la clôture du collége, comme il a été observé dans la première partie de ce mémoire, et par contre l'un des premiers soins de la Commission du Gouvernement du Piémont, au rétablissement du régime Républicain, fut de décréter la nouvelle ouverture de l'Université et de remettre en activité, à l'égard du collége national, toutes les loix et réglemens promulgués en l'an 7 par le Gouvernement provisoire, comme par la lettre du 23 messidor an 8, et par le décret du 26 du même mois.

Mais c'est au zéle et aux sages mesures de la Commission exécutive qu'est dûe l'ouverture effective du collége ou prytanée national, avec la même organisation et régime établi en l'an 7, à l'exception que par le décret du 25 vendémiaire de l'année 9, les places ou bourses assignées dans l'état de distribution aux Provinces réunies à la République Cisalpine, au nombre de huit, furent abolies, et que, par la formation du conseil d'instruction publique (dont le gouverneur du collége serait membre) chargé des fonctions attribuées par les constitutions de l'Université au ci-devant magistrat

de la réforme, on remit en vigueur les articles des instructions pour le Gouvernement du collége, qui avaient
été rapportés par la suppression dudit magistrat.

Et que par la réunion des biens du collége national à ceux de l'Université, sous son administration économique, créée par decrét du 10 frimaire, la trésorerie
du collége national fut supprimée et réunie à celle de
l'administration économique de l'athénée national.

Au reste, l'organisation, le régime, les réglemens,
tant pour la partie littéraire que morale et économique,
et pour les examens de concours, ont été rétablis et
suivis comme en l'an 7, et la pension des étudians pensionnaires fixée, eu égard au taux des denrées, à livres
50 par mois; et les traitemens des officiers employés et
domestiques calculés en francs, ce qui a occasionné une
augmentation à ceux des préfets, en les portant de ll.
300 de Piémont à 400 francs; ce qui fait l'augmentation,
à la charge du collége, de ll. 33, 6 sols, 8 deniers chacun
de Piémont, ou 40 francs.

Par l'arrêté de la Commission exécutive du 10 frimaire an 9, portant la suppression du séminaire de
Turin et l'application de ses biens et revenus au patrimoine de l'Université, il fut statué par l'art. 9. du
même arrêté, que les places gratuites, ou bourses qui
étaient de *jure patronatus*, annexées audit séminaire,
seraient transportées et agrégées au collége national.
Cette agrégation n'a point encore été faite, parce que
l'on n'a pas encore achevé l'apurement des sommes payées

par les *patroni* pour la fondation desdites places, et li-
quidé la proportion dans laquelle pourront jouir lesdits
patroni des places dans le collége national. Pour l'exécution dudit article de l'arrêté du 10 frimaire, il faudra
aussi qu'il soit déterminé ou une diminution dans le
nombre des places gratuites des provinces, pour com-
penser l'augmentation portée par celles du ci-devant séminaire de Turin, ou un supplément à la somme annuelle d'assignation sur la caisse de l'athénée, auquel
les biens du séminaire ont été réunis, de manière qu'il
puisse fournir à l'entretien du nombre de places qui y
seront ajoutées. Les *patroni*, ou ayant droit de nomination aux places du susdit séminaire, réclament depuis
long-tems la jouissance de leur droit, et l'on vient même d'évoquer en jugement pardevant le tribunal de première instance la direction du collége, pour la faire con-
damner à recevoir les élèves qui seront choisis par les
patroni respectifs, à la forme des fondations.

(80)

NOTES.

(*a*) Parmi tant de jurisconsultes et de professeurs célèbres qui ont été élèves ou pensionnaires du collége, on compte entre autres les Celebrini, les Peiretti, les Giaime, les Bavouz, les Adami, les Avogadro, les Bertolotti, les Gastaldi, les Berardi, les Arcasio, les Bono, les Baudisson, les Reyneri;

Et parmi les savans distingués et professeurs dans les sciences physiques, médecine et chirurgie, les Canonica, les Eandi, les Fantoni, les Cigna, les Gabert, les Laneri, les Adami, les Bertholet (actuellement membre du Sénat-Conservateur), les Vassalli-Eandi, les Giulio, les Balbis, les Botta, les Bertrandi, les Penchienati, les Brugnone, les Spagnuolini, les Rossi, les Filippi;

Ainsi que parmi les savans et professeurs célèbres dans la littérature, les Franzini, les Triveri, les Mazzucchi, les Denina, les Vigo, les Regis, les Garmagnan, et la plus grande partie des professeurs des écoles secondaires et de philosophie du Piémont.

(*b*) 1.º Assignation à charge des finances . . . . ll. 30,000.
2.º Intérêts du capital de la fondation Ghisleri . . . . » 4,772.
3.º Revenus de la fondation Guidetti . . . . » 3,600.
4.º Loyers de la maison attenante à l'ancien collége . . » 1,600.
5.º Sur le *monte* de s. Jean Baptiste, de la 22.ᵉ érection,
   8 mille livres, dont on a réellement versé depuis 1780 » 2,000.
6.º Revenus de la portion de maison de l'ex-collége des
   nobles non occupée par le national, et biens de Cumiana. » 6,000.

                ll. 47,972.

Et en comprenant les 6 mille livres restantes du *monte* ci-dessus. ll. 6,000.

                ll. 53,972.

Sans compter les 15 mille livres d'assignation au collége des nobles sur le même *monte* de s. Jean Baptiste, qui, selon le décret du Gouvernement, aurait dû être aussi réuni aux revenus du collége national.

ÉTAT

Des traitemens des Officiers et Employés
et des gages des Domestiques
du Collége National.

————◆◆————

	Pour tout l'an 7.	Depuis l'an 9.
Au Gouverneur	ll. 500. . .	fr. 600.
Aux quatre Préfets, chacun	» 300. . .	» 400.
Au Secrétaire	» 600. . .	» 720.
A l'Économe	» 300. . .	» 400.
Au Commis aux approvisionnemens		» 250.
Au Médecin	» 190. . .	» 230.
Aux Maître d'hôtel, Chef de cuisine, Portier, à 15. fr. par moi chacun	» 180. . .	» 216.
A huit autres Domestiques, à 10 ft. par mois chacun	» 120. . .	» 144.
A six autres Domestiques, à 8 ft. par mois chacun	» 96. . .	» 112.
A deux hommes de peine, à 6 ft. par mois chacun	» 72. . .	» 87.

DISTRIBUTION des places gratuites dans le collége national.

DÉSIGNATION des PROVINCES.	NOMBRE des PLACES.	OBSERVATIONS.
Aléxandrie	N.º 3	On a eu égard aux places nombreuses de la fondation Ghisleri, dont cette province jouit.
Acqui . .	4	
Alba . . .	4	Y compris la place de Bra et son territoire.
Asti . . .	4	
Aoste. . .	4	
Bielle. . .	4	
Casal. . .	4	
Coni . . .	4	Y compris la place de Fossan.
Ivrée . . .	4	Cette province jouit déjà en grande partie des 5 places de la fondation Guidetti.
Mondovi .	5	Y compris Céve et Quérasque.
Mortara ⎱ Valence ⎰	4	
Novare .	6	Y compris la rivière d'Orta et la Val-de-Sesia.
Oneille. .	2	
Pignérol .	4	Y compris les vallées protestantes.
Saluces. .	4	Y compris Savillan.
Suze . . .	4	
Turin . .	5	Y compris Carmagnole.
Tortone .	3	Cette province jouit déjà de deux places de la fondation Ghisleri.
Verceil. .	4	
Vigevano.	1	Cette province jouit déjà de 2 places de la fondation Ghisleri.
Voguère .	4	Y compris le district de Bobbio.
»	20	Places du collége Ghisleri, suivant la réduction décrétée par le Gouvernement provisoire.
»	5	Places du collége Guidetti.
»	4	Places de mathématiques auxquelles le concours est ouvert à toutes les provinces indistinctement.
TOTAL .	110	

OBSERVATIONS.

Le Gouvernement provisoire, par sa lettre du premier ventôse an 7, annonça au gouverneur du collége qu'il serait pourvu à l'établissement d'une bibliothéque, et des cabinets de physique, d'anatomie et de chimie. Il appliqua effectivement au collége la bonne et nombreuse bibliothéque des prêtres de la mission, qui venaient d'être supprimés; mais son transport n'ayant pu s'effectuer avant les désastres de l'an 7, cette bibliothéque a été entièrement la proie des flammes, à l'occasion du siége de la citadelle de Turin.

La Commission exécutive sentant la nécessité de l'établissement de la susdite bibliothéque et cabinets, décréta en faveur du collége l'assignation du mobilier des séminaires de S. Benigne et de Turin.

Les deux bibliothéques y comprises, ont été transportées au collége; mais la pénurie des fonds a fait différer les arrangemens à faire au local avant de l'ouvrir; car, lorsque la Commission exécutive arrêta la translation du collége dans le nouvel emplacement qu'il occupe actuellement, elle ordonna que les fonds nécessaires au transport et aux dispositions indispensables pour adapter une maison religieuse à cet établissement, seraient fournis par les finances nationales; mais la détresse qu'elles éprouvaient, força la direction du collége à y suppléer, ainsi qu'aux frais du transport des effets des religieuses, dont

le couvent venait d'être supprimé, et à leur anticiper
même un mois de la pension qui leur avait été assignée par la Commission exécutive. La direction du collége s'est donc trouvée dans la nécessité non seulement
de différer l'établissement de la bibliothéque, mais de
se servir des fonds destinés à l'entretien du collége pour
les dépenses extraordinaires ci-dessus, et pour les à-
comptes qu'il fallait payer aux ouvriers et pourvoyeurs ;
de sorte que le collége s'est trouvé chargé, au commencement de l'an 10, de la dette d'environ ll. 6,000, pour
solder le montant des avances faites, ainsi qu'il est dit
ci-dessus, bien loin de pouvoir faire face à la dépense
qu'exigeait l'arrangement du local et le boisage de la bibliothéque, attendu sur-tout le haut prix des denrées,
qui n'a permis aucune épargne sur la dépense de l'entretien. Cependant, la direction espère que, moyennant
les ll. 4,000 d'assignation extraordinaire, allouées au collége dans le bilan des fonds de l'athénée pour l'an 10,
elle pourra, si pareille somme lui est accordée pour
l'an 11, solder entièrement toutes les dettes, et achever
l'arrangement et l'agrandissement du local, de manière
à pouvoir y admettre une centaine de pensionnaires,
outre les élèves, au lieu d'une soixantaine qu'on peut à
peine y recevoir actuellement ; ce qui mettrait le collége
à même de faire quelque épargne pour différentes espèces
d'améliorations, pour l'utile établissement progressif des
cabinets de physique, de chimie et d'histoire naturelle,
ainsi que pour le perfectionnement de celui d'anatomie
qui existe déjà.

EXTRAIT

D'un rapport présenté par le Conseil d'instruction publique, à l'Administrateur Général de la 27.ᵉ Division Militaire, en thermidor an 10.

Le Conseil d'instruction publique, empressé de satis-faire à l'invitation de l'Administrateur Général, s'est fait un devoir de lui faire un rapport sur l'état de l'enseignement dans les écoles de l'Université de Turin, pendant l'an 10, en lui présentant en même tems ses vues sur les améliorations qu'il croyait possibles.

Dans ce rapport, après avoir fait observer que l'athénée de Turin, l'une des plus belles institutions de la 27.ᵉ Division, était un grand ensemble formé de tous les établissemens scientifiques, tant enseignans que de ceux qui concernent l'invention et le perfectionnement des arts utiles ou d'agrément ; que l'Université ou les écoles spéciales, les académies des sciences et arts, d'agriculture subalpine, d'histoire, le collége ou prytanée natio-nal, les écoles de peinture et de sculpture, l'école vété-rinaire, étaient les différentes parties composant ce grand tout.

Que la Commission exécutive ayant conçu le projet de réunir dans un système seul tous ces établissemens, l'Administrateur Général avait donné sa sanction à ce plan aussi magnifique qu'avantageux.

Qu'en conséquence, l'athénée de Turin ayant été doté, ainsi qu'on l'a vu dans les précédens mémoires, de manière à ce que le sort des professeurs et des savans illustres, qui y sont attachés, devint indépendant de toutes les vicissitudes des finances.

Que ce système ayant déjà eu les plus heureux résultats, et la paix en faisant espérer de plus grands encore, il y avait tout lieu de croire que, sous le rapport de l'instruction publique et du progrès des lumières, la 27.ᵉ Division Militaire pourrait occuper une place distinguée parmi les autres contrées de la République.

Le Conseil d'instruction publique s'est restreint à porter ses regards uniquement sur la partie enseignante, dont la surveillance lui est confiée, et à présenter à l'Administrateur Général le fruit de ses méditations, ainsi que son préavis sur les changemens utiles qu'on pourrait opérer dans l'organisation des écoles spéciales et du collége national qui en fait partie. Le zèle du Conseil était soutenu plus particulièrement par la persuasion qu'il entrait par-là dans les vues salutaires que l'Administrateur Général et le Ministre avaient manifestées à l'égard de l'athénée de Turin, et qu'il suivait les intentions de la loi du 11 floréal dernier, sur l'organisation de l'instruction publique en France, qui, en conservant les écoles spéciales actuellement existantes, a réservé en même tems au Gouvernement la faculté d'y opérer les modifications qu'il croirait convenables.

Dans ce travail important, le Conseil a cru devoir s'élever au-dessus de toute considération particulière, et n'avoir en vue que l'utilité des écoles spéciales de Turin; d'autres auraient pu y déployer plus de talens, mais personne n'y aurait mis plus de bonnes et de meilleures intentions.

Dans l'organisation des différentes chaires des écoles spéciales, on crut nécessaire de retrancher tout ce qui ne paraissait pas d'une utilité marquée, autant pour remplir les lacunes qui s'y trouvaient encore, que pour lier, par des rapports plus exacts, les différentes parties de l'enseignement : il fallait en conséquence supprimer des chaires existantes et en ajouter des nouvelles, afin de coordonner l'enseignement d'une partie quelconque de la science; de manière à ce qu'il présentât un cours complet et un système régulier ; car cette harmonie si nécessaire aux progrès de l'étude et à la facilité de l'instruction, manquait au plan qui avait été suivi jusqu'alors.

Il résultait encore des changemens proposés, que quelques individus bien méritans se trouveraient déplacés, et c'est avec une véritable peine que le Conseil vit qu'il ne pouvait pas les comprendre dans la nouvelle organisation. Cependant, si la nature de l'enseignement et les circonstances politiques du pays rendirent ces mesures nécessaires, le Conseil a cru qu'il était de son devoir de les recommander au Gouvernement et de lui proposer des moyens d'adoucissement en leur faveur.

Le Gouvernement provisoire avait supprimé , en l'an 7 , les chaires de théologie. La Commission exécutive jugea nécessaire , pour le moment , d'en rétablir deux : mais l'expérience a fait connaître leur inutilité , et ces écoles sont restées presque désertes , quoique les deux estimables professeurs qui en étaient chargés , missent dans leur doctrine toute la réserve que la prudence pouvait exiger.

D'ailleurs, aux termes du concordat , qui paraissait devoir bientôt être mis en vigueur dans cette Division , la théologie devant être enseignée dans les séminaires , le Conseil proposa la suppression de ces deux chaires.

Les professeurs des écoles de droit étaient au nombre de six ; mais les limites des parties que chacun devait enseigner , n'étant pas bien tracées , l'un empiétait, pour ainsi dire, sur le domaine de l'autre ; ce qui devait occasionner de la confusion dans l'esprit des élèves , car deux professeurs peuvent avoir , sur le même objet , des idées entièrement opposées et des manières très-différentes de les exposer.

On avait établi un professeur d'histoire ecclésiastique ; mais le Conseil considérant que de tous tems les chefs des nations et les citoyens professant la religion catholique , doivent être instruits des droits et prétentions de la cour de Rome, qui tend continuellement à des usurpations d'autorité, au préjudice du gouvernement civil , a jugé nécessaire le rétablissement d'une chaire de droit-canon proprement dit. Cette nécessité paraît encore mieux

démontrée aujourd'hui , que l'on doit veiller scrupuleu-
sement à ce qu'il ne soit porté aucune atteinte aux lois
organiques que le Gouvernement Français a fait publier
à la suite du concordat, qui devrait être pris pour base
de l'enseignement par le professeur de droit-canon.

Le Conseil crut donc devoir proposer cinq professeurs
en droit, savoir :

1.° De droit naturel, politique et des gens ,
2.° De droit civil,
3.° De droit criminel ,
4.° De droit-canon ,
5.° D'institutions légales.

Cette dernière chaire existait déjà précédemment ; elle
tend à préparer, par des notions élémentaires, l'esprit
des élèves aux connaissances qui font partie de ces sciences.

Le Conseil remarquant , dans l'enseignement de l'art
de guérir, les mêmes inconvéniens à-peu-près que dans
celui de la jurisprudence, et considérant les rapports et la
nature des objets formant le sujet de la médecine , qui
paraissaient pouvoir être divisés en quatre grandes sections , savoir :

1°. La structure du corps humain ,

2.° La connaissance des fonctions du corps humain
dans l'état de santé ,

3.° La connaissance du corps humain en état de
maladie ,

4.° La connaissance des différens agens qui peuvent
conserver ou rétablir la santé de l'homme ;

(89)

le Conseil , dis - je , a pensé qu'il serait convenable de
remplacer les six chaires existantes par les cinq ci-après
désignées , savoir :

    1.º D'anatomie ,
    2.º De physiologie ,
    3.º De pathologie pratique ,
    4.º De matière médicale ,
    5.º D'institutions médicales et d'hygiène ;

Cette dernière est proposée par les mêmes motifs que
celle d'institutions légales.

En rendant les chaires d'anatomie, de physiologie et
de matière médicale communes aux élèves en médecine
et à ceux en chirurgie , il ne paraissait nécessaire d'établir que trois professeurs seulement, pour l'enseignement de cette dernière , savoir :

    1.º De pathologie chirurgicale ,
    2.º D'opérations ,
    3.º D'accouchemens.

Le Conseil a cru que le professeur d'anatomie devait
enseigner la partie historique et pratique, qu'il ne faudrait
d'ailleurs jamais séparer; et relativement à l'anatomie comparée , qui avait été réunie à l'anatomie pratique , le même
professeur pourrait en exposer les notions nécessaires à
la connaissance de la structure et des fonctions du corps
humain. Une connaissance plus étendue de l'anatomie
comparée semblait devoir être du ressort du professeur
d'histoire naturelle et de celui de l'école vétérinaire.

On proposa la conservation de l'école de physique

expérimentale, avec son cabinet qui se trouve actuellement assez bien fourni.

Mais, quant à la chaire d'économie rurale, des arts et manufactures, établie depuis l'an 9, le Conseil a cru devoir en proposer la suppression ; car, pour que la science de l'économie rurale puisse être d'une véritable utilité, elle doit parler aux yeux plutôt qu'à l'esprit ; elle doit consister moins en leçons qu'en exemples : il faut convaincre par les sens les hommes simples et accoutumés à suivre une aveugle routine. Dès lors, un corps systématique de sciences rurales, ne doit pas produire des avantages remarquables.

Au reste, il existe depuis long-tems à Turin une académie agraire, qui a des fonds sur la caisse de l'athénée et des emplacemens à sa disposition pour des expériences ; elle a déjà rendu de véritables services à l'état, en encourageant la culture des pommes de terre, et la propagation des brebis d'Espagne à laine fine et superfine.

Le Conseil, en proposant la suppression de la chaire d'économie rurale, fit sentir en même tems la nécessité d'ériger une chaire de chimie, dont le professeur donnerait les notions les plus indispensables relativement aux arts et aux manufactures.

Une autre chaire également importante qui existe dans toutes les écoles centrales de la République, qui a jetté le plus grand lustre sur quelques universités de l'Italie, savoir : la chaire d'histoire naturelle, manquant encore aux écoles spéciales de Turin, le Conseil en a proposé l'établissement.

Outre le professeur de géométrie, dont la chaire est indispensable, il y avait deux chaires de mathématiques, l'une de mathématiques pures, l'autre de mathématiques mixtes. Une seule parut suffisante, attendu que le professeur de géométrie doit exposer les principes et les opérations de l'algèbre jusqu'aux équations du second dégré inclusivement, et les élémens de géométrie tant plane que solide. Il n'y a jamais eu qu'une seule chaire de mathématiques à l'Université de Turin, et c'est de-là que sont sortis les illustres Michelotti, Revelli, Déantonj et La-Grange. Les génies extraordinaires trouveront les moyens de se perfectionner à l'école polytechnique qui leur est ouverte.

Le Conseil proposa comme indispensable la conservation de l'école de grammaire générale, ou plutôt d'analyse d'entendement humain, celles d'éloquence latine, d'éloquence italienne, de littérature française, et celles aussi de langues orientales, de critique et de chronologie, qui peut illustrer l'école de Turin, et une école de géographie et d'histoire, qui serait de la plus grande utilité.

En proposant la conservation des écoles de peinture et de sculpture, agrégées par l'Administrateur Général aux écoles spéciales de Turin, le Conseil observa que l'école d'architecture, également intéressante, et qui a été créée aussi par la Commission exécutive, était toujours du ressort de l'Académie des sciences. Mais ces trois écoles supposent l'existence d'une autre qui doit leur servir de base et d'appui ; c'est l'école de dessein, qui

n'existe point, et que le Conseil a cru qu'il serait nécessaire d'établir. Toutes ces écoles devraient être placées
dans le même local, et liées ensemble par des réglemens
communs.

Le Conseil crut devoir proposer la confirmation de
l'organisation actuelle de l'école vétérinaire qui, par différens arrêtés de l'Administrateur Général, avait été der-
nièrement agrégée à l'athénée de Turin, et qui se trou-
vait depuis plus de deux mois en pleine activité.

Quant au professeur d'astronomie pour l'observatoire,
le Conseil crut ne devoir point s'en occuper, cet établissement étant du ressort de l'Académie des sciences.

Le Conseil, ensuite, ajouta un plan d'organisation
pour le secrétariat, la bibliothéque, le jardin des plantes, le *museum* d'histoire naturelle et d'antiquités,
faisant partie de l'athénée et annexés aux écoles spéciales, proposant la conservation de ces établissemens à
peu de changemens près.

Il proposa aussi la conservation des professeurs substituts existans dans l'organisation actuelle, dont les chaires sont conservées, ou qui n'occupent point des places dans l'ordre administratif ou judiciaire, avec des
indemnités pour ceux qui ne seraient point conservés.

La conservation des quatre colléges existans pour les
quatre facultés de droit, médecine, chirurgie et belles
lettres fut aussi proposée. Chaque collége est composé
de 3o individus ne jouissant d'aucun traitement et par-
ticipant seulement d'une manière déterminée aux émolu-

mens payés par les étudians à l'occasion de leurs examens
publics. Ces colléges servent à donner du lustre à l'é-
cole spéciale , à laquelle ils sont attachés , et de la so-
lemnité aux examens publics sont entièrement de leur
ressort ; il paraissait d'autant plus juste de les conserver,
que chaque docteur du collége à payé une somme pour
être revêtu de cette dignité , et a dû subir un examen
long et pénible

Quant au collége national, dont l'Administrateur général connaissait l'organisation détaillée dans un des précédens mémoires , le Conseil s'est borné à lui observer
qu'il avait été en grande activité, pendant les deux dernières années : cent dix élèves y ayant été nourris et
entretenus aux frais de l'établissement , indépendamment
d'environ soixante pensionnaires, le local ne permettant
pas d'en recevoir un plus grand nombre : que ce collége
n'est autre chose qu'un pensionnat, une maison d'étude
établie auprès des écoles spéciales, dont elle a toujours
fait partie, dans laquelle une exacte discipline est observée, et où des instituteurs habiles font répéter aux élèves et pensionnaires les doctrines qu'on enseigne aux
écoles spéciales. Qu'en conséquence, il paraissait convenable de conserver la division de cet utile établissement
dans les quatre parties correspondantes, aux quatre écoles
spéciales de cours complet d'enseignement en l'Université, savoir :

    1.° Jurisprudence,

    2.° Sciences physiques et médecine,

3.º Chirurgie,

4.º Subdivisée en deux,

Géométrie et mathématiques,

Littérature,

présidée chacune de ces sections par un *préfet*, qu'on pourrait désormais appeller *sous-directeur*, qui en a la police sous l'autorité du *gouverneur*, ou *directeur supérieur*, auquel l'administration économique et la police supérieure générale de l'établissement sont confiés. Les sous-directeurs, chargés d'expliquer et faire répéter aux élèves et pensionnaires les doctrines enseignées à l'Université, et de diriger les autres exercices littéraires du collége, continueraient à être professeurs substituts–nés, et leurs suppléans aux écoles spéciales de l'athénée, en cas d'empêchement de leur part, et à jouir en cette qualité, sur la caisse de l'athénée, du traitement qui leur a été fixé, ainsi qu'aux dix répétiteurs du collége, par les décrets de la Commission exécutive.

Quoique le conseil fut persuadé qu'il dût exister une autorité destinée à exercer une surveillance active sur les établissemens d'enseignement public, il crut qu'il ne lui appartenait point d'en proposer dans ce nouvel ordre de choses l'organisation ; que l'Administrateur général aurait pesé dans sa sagesse ce qu'il aurait été plus convenable de faire à cet égard, ne doutant point que le plan qui serait adopté par lui, ne fût conforme aux plus grands intérêts de l'instruction publique et à la gloire du pays dont l'administration lui est confiée.

Du tableau joint à ce rapport, qui présentait le nouveau plan des écoles spéciales, il résultait qu'il y avait deux chaires de moins que dans celui qui était en vigueur; que cependant des chaires actuellement existantes, les plus essentielles, étaient conservées, des nouvelles, également importantes, ajoutées, et que l'on pourrait assurer qu'il existerait aux écoles spéciales de Turin un système assez complet d'enseignement, tant des sciences d'une utilité directe, que des sciences et arts d'agrément.

Telles sont les idées que le Conseil d'instruction publique a présentées à l'Administrateur général, sur les écoles spéciales de Turin. Ces écoles ont été de tous tems le plus bel ornement de cette ville intéressante; elles s'étaient acquis le plus grand dégré de célébrité dans toute l'Europe. Les Tagliazucchi, les Pasini, les Fantoni, les Donati, les Cigna, les Beccaria, les Berardi, les Bono, les Carburi, les Allione, les Baudisson les ont illustrées tour-à-tour. Les Denina, les Giulio, les Vassalli, les Eandi, les Giobert, les Bonvoisin, les Caluso, les Vigo, les Regis, les Brugnone, les Rossi et d'autres professeurs non moins savans, soutiennent actuellement la gloire de cet auguste établissement. Plus de deux mille étudians venaient autrefois non seulement du Piémont, mais des pays les plus éloignés, y puiser une instruction utile. Les malheurs de la guerre et l'esprit ombrageux de l'ancien gouvernement les avaient fait fermer. La Commission exécutive, secondée par l'Administrateur général, les a rétablies sur un plan plus régu-

lier et plus vaste ; plus de six cens étudians les ont fré-
quentées cette année. A juger par l'accroissement subit
qu'elles ont pris dans le courant d'une seule année, on
doit espérer qu'elles s'éléveront dans peu de tems au dégré de splendeur qu'elles avaient autrefois, pour lequel
tout est fait, et rien ne manque que la continuation de
la paix et la tranquillité des esprits, avec l'aisance des
particuliers, qui en sont les suites nécessaires. Une cour
n'existe plus à Turin ; les écoles spéciales doivent faire
réjaillir sur cette ville un éclat bien plus intéressant et
plus utile ; et l'éclat florissant des sciences et des arts
doit y attirer le même nombre d'indigènes et d'étrangers qu'elle y attirait par son faste et sa vaine grandeur.
Les écoles de Turin se trouvent placées près des Universités de Pavie et de Milan, et peu éloignées de celle
de Bologne. Si elles ne les égalent point, elles en seront éclipsées. Étant situées entre la France et l'Italie,
elles doivent servir comme d'un entrepôt scientifique entre l'une et l'autre. C'est principalement dans ces écoles
que les caractères, les habitudes, les manières, les opinions des anciens et des nouveaux Français doivent se
fondre ensemble, pour ne plus présenter qu'une seule et
même physionomie. Ces résultats sont dignes d'un Gouvernement essentiellement grand et libéral, qui a mani-
festé les intentions les plus généreuses, les plus bienfai-
santes envers un pays nouvellement acquis à la République.

9 782019 917593